국경의 역사

국경 경관론적 접근

접경인문학문고002

국경의 역사 국경 경관론적 접근

초판인쇄 2022년 2월 20일 **초판발행** 2022년 2월 25일

기획 중앙대 · 한국외대 HK+ 접경인문학연구단

지은이 차용구 **펴낸이** 박성모 **펴낸곳** 소명출판 **출판등록** 제13-522호

주소 서울시 서초구 서초중앙로6길 15, 2층

전화 02-585-7840 **팩스** 02-585-7848

전자우편 somyungbooks@daum.net **홈페이지** www.somyong.co.kr

값 15,000원 ⓒ 중앙대 · 한국외대 HK+ 접경인문학연구단

ISBN 979-11-5905-669-7 03900

이 저서는 2017년 대한민국 교육부와 한국연구재단의 지원을 받아 수행된 연구임.
(NRF-2017S1A6A3A03079318)

접경인문학문고 002

국경의 역사

국경 경관론적 접근

History of Borders

Adopting the Borderscape as Method

중앙대 · 한국외대 HK+ 접경인문학연구단 **기획** | 차용구 **지음**

접경인문학 총서 발간사

중앙대·한국외대 HK+ 접경인문학연구단은 2017년 한국연구재단의 인문한국지원사업에 선정되어 1단계 사업을 3년에 걸쳐 수행한 후, 2020년부터 2단계 사업을 시작했습니다. 접경인문학에서 접경은 타국과 맞닿은 국경이나 변경만을 의미하지 않습니다. 같은 공간 안에서도 인종, 언어, 성, 종교, 이념, 계급 등 다양한 내부 요인에 의해 대립과 갈등이 발생하기 때문입니다. 연구단이 지향하는 접경인문학 연구는 경계선만이 아니라 이 모두를 아우르는 공간을 대상으로 진행됩니다. 다양한 요인들이 접촉 충돌하는 접경 공간Contact Zone 속에서 개인과 집단이 이를 어떻게 인식하고 변화시키려 했는지를 추적하고 분석하는 것이 접경인문학의 목표입니다.

연구단은 2단계의 핵심 과제로 접경인문학 연구의 심화와 확장, 이론으로서의 접경인문학 정립, 융합 학문의 창출을 선택하였습니다. 1단계 연구에서 우리는 다양한 접경을 발견하고 그곳의 역사와 문화를 '조우와 충돌', '잡거와 혼종', '융합과 공존'의 관점에서 규명하였습니다. 이 성과를 바탕으로 삼아 2단계에서는 접경인문학을 화해와 공존을 위한 학술적이면서 동시에 실천적인 방법론으로 제시하고자 합니다. 연구단은 이 성과물들을 연구 총서와 번역 총서 및 자료 총서로 간행하여 학계에 참고 자원으로 제공하고 문고 총서의 발간으로 사회적 확산에 이바지하고자 합니다.

유례없는 팬데믹을 맞아 세상은 잠시 멈춘 듯합니다. 이 멈춤의 시간 속에서도 각종 국가주의와 민족주의가 횡행하며, 국가와 민족 사이의 충돌은 더욱더 첨예해지고 있습니다. 접경은 국가주의의 허구성, 국가나 민족 단위의 제한성, 그리고 이분법적 사고의 한계성을 여실히 드러내는 대안적인 공간이자 역동적인 생각의 틀이라 생각합니다. 우리 연구단은 유라시아의 접경에서 일어나는 다양한 조우들이 연대와 화해의 역사 문화를 선취하는 여정을 끝까지 기록하고 기억할 수 있기를 희망합니다.

중앙대·한국외대 HK+ 접경인문학연구단 단장 손준식

책머리에

영국의 리즈대학에서 매년 개최되는 중세사 학술대회Leeds International Medieval Congress는 매회 새로운 주제로 꾸며진다. 2022년의 대주제는 '경계Borders'이다. 사실 이 학술대회 주제는 2020년에도 기획된 바 있으나, 코로나19로 취소되는 우여곡절을 겪었다. '중세의 경계'가 두 차례에 걸쳐 국제적인 학술대회의 관심사가 되었다는 것은 그만큼 학술적 논의의 필요성이 인정되고 있다는 것을 의미한다.

프레더릭 잭슨 터너Frederick Jackson Turner가 미국 서부 개척의 역사를 설명하는 과정에서 제안한 변경 이론frontier thesis이 19세기 말에 등장하면서 중세사학자들도 유럽의 국경 지대에 흥미를 갖고 연구를 시작했다. 톰슨James Westfall Thompson은 1913년의 논문에서 독일 동부 국경의 팽창 과정을 터너의 변경 개념을 활용해 설명한 바 있다. 이에 대해서 독일 학자들은 생존공간Lebensraum이라는 이데올로기적 개념의 틀 속에서 동부 국경을 바라보았다. 터너식의 변경 이론과 생존공간이라는 독일 역사학의 보수적 담론 모두 공통적으로 변경을 야만과 황무지로 전제하고 식민 정복과 문명 개화가 필요한 장소로 이해했다. 변경을 단순히 두 중심 사이의 변두리나 주변으로 설명하면서, 중심에 대한 대립항 내지는 국가의 신성한 방어선으로 바라보았다.

터너의 변경 이론이 다시 학계의 관심을 끈 것은 탈냉전이라는 변화의 시대에 접어든 1990년대였다. 하지만 이번에는 터너의 변경 이론은 비판과 수정의 과정을 겪게 되었다. 변경 공간의 정복, 지배와 피지배, 분리와 타자화보다는 행위 주체들 간의 관계성·의존성이 더 강조된 것이다. 로버트 바틀렛Robert Bartlett 등의 중세사 연구자들은 영국·이베리아반도·동유럽의 변경지대를 고찰하였고, 그 결과 유럽의 등장을 그리스도교 세계의 변경 확장에 따른 팽창과 문화 접변의 결과로 설명했다. 이후 노라 베렌드Nora Berend와 데이비드 아불라피아David Abulafia 등은 '중세의 변경medieval frontier'을 다양한 가치와 관습을 가진 사회와 종족이 조우하는 다차원적인 공간으로 이해했다. 이렇게 해서 중세의 변경 공간은 특정 집단의 일방적인 정복과 팽창이 아닌 다양한 정치 세력과 가치가 경쟁하고 공명하는 불균형적인 접경 지대contact zones였음이 드러나기 시작했다.

본서의 첫 번째 장에서는 국경 지대를 바라보는 고전적 해석을 오늘날의 독일 동부 국경 지대를 중심으로 재사유하고자 한다. 두 번째 장에서는 중세시대에 그곳에서 살았던 사람들이 변경을 어떻게 이해했는지를 돌아보고 이들이 펼쳤던 변경의 일상적 모습을 살펴보고자 한다. 독일 동부 국경이라는 특정 국경 지대의 사례 조사는 여전히 새로운 연구 방향을 모색 중인 중세 변경사frontier history 연구에 기여할 수 있으리라 생각한다.

세 번째 장에서는 근현대 동서양의 국경 경관을 서술하고자 한다. 1990년대 이후부터 학자들은 국경 경관borderscape 개념을 통해 국경을 고정적인 선線이라는 1차원적 시각에서 벗어나 다의적이고 다중적 시각에서 접근하기 시작했다. 국경 경관은 국경border과 경관scape이 합쳐져 만들어진 용어로, 'scape'는 '만들어진'을 뜻하는 'geschapen'이라는 네덜란드어에서 유래한다. 결국 'borderscape'는 '만들어진 국경created border'을 지칭하게 된다. 즉, 국경은 타협의 산물로 생성된 다자성·가변성·불확정성을 그 특징으로 한다.

고전적인 국경론은 국경을 연속적이며 고정불변하는 초역사적인 것으로 신성시하였다. 그러나 국경 경관론적 방법은 경계를 시대적 요청에 따라 현재에 (재)구성되는 것으로 이해하며, 동시에 다중적 주체들이 교차적으로 (때로는 불평등하게) 서로 얽혀 있는 경계 지대borderlands로 바라본다. 이러한 방법의 적용은 전근대 경계가 갖는 접경성으로의 회귀이자, 글로리아 안살두아Gloria Anzaldúa의 표현에 의하면 근대 국경의 '절개된 상처'를 드러내기 위함이다.

서양의 선형적 경계선lineal borders은 일반적으로 알려진 것과는 달리 1648년 베스트팔렌조약 이전부터 확인된다. 요컨대 1222년에 잉글랜드와 스코틀랜드 사이의 경계를 확정하기 위해서 양측의 대표자로 구성된 국경 위원회가 소집된 바 있었다. 콜럼버스의 아메리카 대륙 발견 직후 스페인과 포르투갈은 토르데시야스조

약1494년으로 대서양 한가운데를 기준으로 지구 전체를 양분하기도 했다. 따라서 베스트팔렌 질서의 세계사적 의미는 선형적 경계 개념이 1648년을 기점으로 지구적 차원으로 확대되었다는 사실이다. 유럽의 식민주의적 팽창은 경계짓기라는 세계 정치를 통해서 전지구적 공간의 자의적 분할과 재조직을 시작한 것이다. 본서는 국경 경관적 접근을 통해서 서구 제국주의와 식민주의의 약탈적 영토 분할과 폭력적 국경 획정이 생산해낸 '모순의 공간'인 국경을 검토하고자 한다.

근대 서구의 주권과 정치적 국경선은 비서구 사회에 차별적이고 불평등하게 적용된 셈이다. "베스트팔렌조약에서부터 현재까지 8개 정도의 강대국들이 평화롭게 공존하기 위해 노력하거나 지배를 위해 다투었다"는 왈츠Kenneth N. Waltz의 분석은 세계 통치의 수단으로서 국경의 의미를 더욱 설득력 있게 제시한다. 국경은 발달된 문명의 이기이자 야만과 대비되는 보편적 척도로서, 비유럽 지역 주민들의 의사는 고려하지 않고 무차별적으로 획정되었다. 국경은 서양 민족주의의 역사적 산물이며 제국주의 시대 서구 패권적 문명 담론의 유산이었다.

자본주의의 전지구적 확산은 고대 로마제국의 '분리 통치divide and rule'라는 원리를 식민지 변방까지 밀어 붙이면서 세계의 지리적 구획화를 가속화시켰다. 베스트팔렌 체제가 세계를 뒤덮어 버린 셈이다. 19세기의 서구 민족주의는 내적으로는 국민국가와 명확한 국경선의 존재를 만들어내고 외적으로는 제국주의와 결합해서 비서구의 영토에 분할선을 멋대로 획정했다. 이러한 이유로 지난 150년간 지정학의 주요한 특징 중 하나는 전지구적 국경선의 획정이라 할 수 있다.

20세기 중반 이후부터 세계의 국가 수가 세 배로 증가하면서 국경 연구는 르네상스를 맞았다. 1989년의 베를린 장벽 붕괴와 더불어 시작된 탈냉전 이후의 세계화는 국가 간의 국경을 허물고 '국경 없는 세계borderless world'를 만들 것으로 예측되었다. 그러나 현실은 다른 방향으로 전개되는 듯싶다. 국경 장벽은 오히려 세계 곳곳에서 경쟁적으로 건설되고 있다. 서구 근대 국가가 만들어낸 국경은 횡단과 통제라는 힘의 대립, 즉 삶과 죽음을 가르는 경계 투쟁의 재판장으로 변했다.

국경 문제를 역사적으로 조망하는 국경사 연구에 대한 학술적 논의는 여전히 미흡해 보인다. 학제 간 연구의 대상인 국경을 역사학의 새로운 영역으로 인식할 필요가 있다. 본 연구는 시간적으로는 전근대와 근대를 모두 담아내며, 국경 지대에 덧입혀졌던 허위와 오해의 그을음을 제거하고 그 나신을 조명할 것이다. 무엇보다도 근대 서구의 경계적 사유borderline thinking가 전지구적인 지배 장치였음을 상기시키고 싶다. 근현대 식민주의적 국경 형성을 종적·횡적인 연구를 통해 국경의 구조와 양상을 살피면서 그 역사성을 '재'자리매김하고자 한다.

정작 국경을 만들어낸 유럽은 유럽연합의 출범으로 초국경적 통합을 이루었으나, 한반도를 포함한 비서구 사회는 서구 열강이 임시적이고 자의적으로 그은 분계선으로 지금껏 아픔과 슬픔을 안고 산다. 식민주의 시대가 끝난 이후에도 여전히 제국주의가 만든 국경이라는 유산은 청산되지 못하고 있다. 경계와 경계 지대에 대한 재사유와 재정의를 거친 국경 경관적 연구는 국경의 이쪽과 저쪽의 이분법적 사고에 균열을 일으키면서 국경의 접경성·초국가성·다자성·다의성·역동성·(재)구성성·주체성과 창조성을 드러낸다. 『공간의 생산』에서 앙리 르페브르Henri Lefevre가 한 표현을 빌리자면, 경계는 고정성, 움직임, 흐름과 파동이 뒤엉켜 상호작용하면서 생산되고 재생산된다는 것이다. 국경과 같은 경계는 사회적 생산물이자 가변적 구조물이기 때문에, 경계에 대한 대안적 상상을 현실화하는 새로운 재현 방식이 요구된다. 국경 경관 개념에 대한 인식을 통해 세계화의 폭력이 그대로 남아있는 국경선이 평화와 생명의 공간으로 현전했으면 한다.

2022년 2월

차용구

차례

3부

근현대 식민주의적 국경

1부

고전적 국경사 연구

1. 시대적 배경

피 흘리는 국경선

20세기 중반 이후 유럽연합이 추진했던 국경 개방은 국경 없는 세계의 도래를 예언하는 듯했으나, 2001년 9·11 이후 미국의 국경 보안 강화정책과 유럽의 난민 문제는 국경 정치에 급격한 변화를 가져왔다. 그러나 이러한 변화난측한 정세 변동은 역설적으로 국경 연구Border Studies의 르네상스를 열었고, 국경에 대한 개념과 연구 방법의 다양화를 가능하도록 하였다. 그 결과, 최근 국경 연구는 지역적·미시적 공간 연구로 회귀하면서 국경의 공간성에 주목하게 된다. 여기서는 국경 갈등의 가장 대표적인 사례인 독일과 폴란드의 국경 지대에 대해 19, 20세기의 고전적인 연구를 소개하고, 국경을 민족주의의 렌즈로 바라보는 해묵은 담론을 재검토하면서 비판적인 국경 연구를 시도하고자 한다.

독일과 폴란드 사이에 놓인 포메른Pommern/포모줴Pomorze, 슐레지엔Schlesien/실롱스크Śląsk는 접경 지대로서 유럽의 대표적인 영토 분쟁 지역이었다. 그러나 오늘날 이 지역은 민족주의 시대의 영토 분쟁과 이와 관련된 역사 논쟁이 평화적이고 학술적 대화를 통해서 해결된 대표적인 사례로 손꼽히기도 한다. 한 세기 이상 양국의 정치가들은 이 지역에 대한 영유권 주장의 근거를 수집하는 데 수단과 방법을 가리지 않았고, 학자들도 이곳을 자민족의 역사로 만드는 무기 없는 전쟁에 동참하였다. 하지만 소통과 공존의 길을 모색하려는 노력으로 이제 오데르-나이세Oder-Neiße/오드라-니사Odra-Nysa 국경선은 '피 흘리는 국경선Blutende Grenze'에서 화합의 장소로 탈바꿈하였다.

양국의 국경 지대를 놓고 진행된 독일과 폴란드 간의 역사 대화는 국가 간의 영토분쟁과 역사 갈등을 해소한 성공적인 사례로 동북아시아를 비롯한 세계 각국에서 전개되고 있는 영토분쟁 해결의 좋은 선례가 될 수 있다. 하지만 양국은 중세 시기에 독일 이주민들이 슐레지엔과 포메른에 진출하였던 역사적 경험을 근거로 역사 주권의 정당성을 주장하는 논쟁을 오랫동안 벌였다. 논쟁이 해결되기까지는 수많은 시행착오와 감정 소모가 발생할 수밖에 없었다.

1914년의 이념

18세기 말부터 독일에 병합되었던 폴란드가 제1차 세계대전을 계기로 독립을 달성하면서 독일과 폴란드 사이에 놓인 이른바 회랑 지역이 폴란드에 귀속된다. 이는 영토의 변동이자 동시에 새로운 국경의 획정을 의미했다. '국경 문제'는 양국의 논쟁을 불러일으켰고, 역사가들은 이 지역에 대한 역사 주권 만들기 작업에 동참한다.

19세기의 대표적인 슐레지엔 지역 전문가였던 그륀하겐Colmar Grünhagen은 1884년 출간된 자신의 저서에서 "슐레지엔은 어떻게 독일화되었고 독일의 일부가 되었는가?"라는 주제를 부각시켰다. 이러한 민족주의적 논조는 그 의도가 어찌 되었든 폴란드인들에게는 도전적인 것으로 받아들여졌다. 그러나 양국 간의 감정싸움은 새삼스러운 일이 아니었다. 비스마르크가 주도한 문화투쟁의 이면에도 이미 가톨릭교회와의 투쟁을 통해 폴란드의 민족정신을 말살하려는 반反폴란드적 논리가 강하게 배어 있었기 때문이다.

민족주의적 분위기에 함몰되었던 독일의 역사학은 베르사유 조약1919년과 독일 동부 영토의 손실로 더욱 전투적인 태세를 취하게 된다. 바이마르 공화국 시대의 역사가는 민족Volk 개념을 '초역사적' 실체로 인식하면서, 진정한 민족 공동체를 건설해야 한다는 대의명분을 역사 연구의 기치로 삼기 시작했다. 이러한 1914년의 이념은 바이마르 시대 동유럽 연구의 이념적 지주가 되었고 역사학은 시대정신의 완성에 헌신하는 학문이어야 했다.

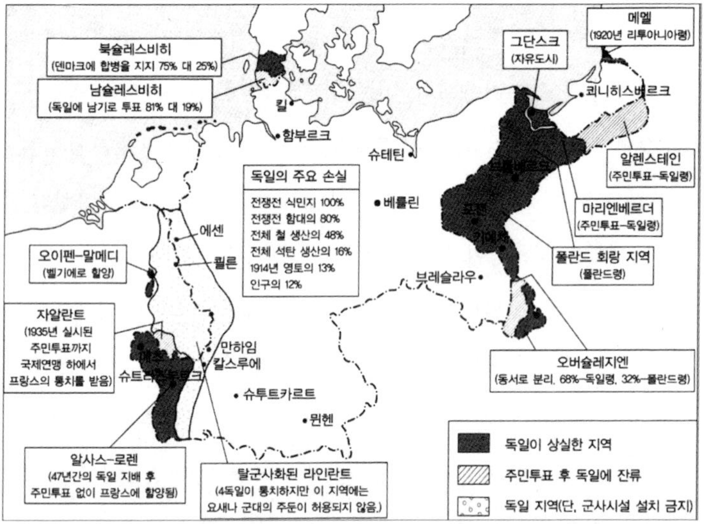

그림 1_ 1919년 베르사유조약으로 독일이 상실한 영토. 바이마르 공화국은 신생 국가인 폴란드를 '한철 국가', '잠정적 국가', '강도 국가'로 비난했고, 언론은 폴란드인을 '벌레', '늑대', '들쥐'로 묘사했다. 폴란드는 이 땅이 본래 폴란드의 영토였음을 주장하면서 독일 역사의 약탈적이고 제국주의적인 모습을 부각시켰다. 지도는 차용구, 『가해와 피해의 구분을 넘어』, 동북아역사재단, 2008, 28쪽에서 재인용.

독일-폴란드 관계사에 있어서 시금석적인 연구 성과를 남긴 브라크만Albert Brackmann, 1871~1952은 국민국가적 성향의 시대가 배출한 연구자로, 그의 보수적 역사학은 후대에 나치 이데올로기의 선전도구로 이용되기도 하였다. 그래서 '히틀러의 교사'로 불렸던 그는 신성로마제국의 황제 오토 1세의 동방정책을 '독일 정치가의 웅대한 기획'으로 칭송한 바 있다. 그의 국경론은 1939년 독일의 폴란드 침공 직후 나치 친위대의 요청을 받고 쓴 책에서 더욱 두드러진다. 여기서 그는 독일을 '동방'으로부터 유럽을 수호하는 '방어자'이자 '보루'이며, '야만'에 맞서는 '문명의 수호자'로 서술했다. 문명 대 야만이라는 이분법적 국경 경관에는 독일적 오리엔탈리즘의 성향이 엿보이기도 하며, 브라크만은 이를 좀 더 노골적으로 '남성적 독일인, 여성적이고 수동적인 폴란드인'으로 묘사하였다.

이러한 논리를 입증할 역사적 사례로 폴란드 건국과 관련된 '스칸디나비아 이론'이 제시된다. 동유럽의 고대 국가 건설과 관련해서 등장한 이 이론은 폴란드뿐만 아니라, 키예프 고대 국가 성립에 대한 연구에서도 반복적으로 언급된다. 이는 중세 폴란드의 피아스트 왕조는 슬라브족 계통이 아니라 게르만족인 바이킹의 피를 이어받았다는 주장으로, 이러한 가설이 제기될 수 있었던 이유는 피아스트 왕국이 매우 단시간 내에 형성되었기 때문이었다. 브라크만은 고대 슬라브인들에게는 국가 형성 과정에서 요구되는 신속성과 같은 정치적 능력이 원초적으로 결여되었다고 본 것이다. 결국 폴란드의 낮은 정치적 성숙도를 지적하면서, 외부로부터의 영향력을 강조하려는 논리였다. 브라크만이 제기한 폴란드의 바이킹 건국설은 중세 폴란드 왕조는 게르만족 지도자들에 의해서 건설되었음을 뒷받침하기 위한 일종의 포석 전략이었다.

폴란드 영토에 대한 게르만족의 기여는 여기서 그치지 않았다. 브라크만은 '유치할 정도로' 낮은 경제적 수준의 피아스트 왕조는 신성로마제국의 지원을 통해서만 국가체제를 유지할 수 있었음을 강조한다. 동유럽 연구Ostforschung의 대가로 손꼽히던 브라크만은 이후 나치 이데올로기 형성에 학문적 자양분을 제공한 공로로 '최고위직에 오른 역사가'로 기억되었다.

브라크만과 같이 1920년대 민족주의적 이념에 고취된 새로운 역사가 세대는 바이마르 공화국의 보수적 정치담론을 주도했고, 제1차 세계대전 직후의 현실적 요구에 부응하여 '국경선 투쟁Grenzkampf'을 연구 주제로 설정하였다. 그 결과 독일과 폴란드의 접경지대인 슐레지엔과 포메른은 중세 이래로 '동유럽에 대항하는 보루'이자 '동유럽으로 향하는 독일 문화의 출발점'으로 간주되었다.

이렇게 해서 바이마르 공화국 시기부터 모습을 드러낸 '민족·문화 향토 연구', 혹은 '문화 공간 연구'와 같은 지역사 연구는 1918년 이후의 현실 정치적 관심으로부터 시작되었다. 보수주의 역사담론의 또 다른 주역이었던 아우빈Hermann Aubin, 1885~1969의 동유럽 연구는 차후에 나치의 동진정책 혹은 '생활공간정책'Lebensraumpolitik의 이데올로기적 자양분을 제공하였다.

20세기 독일의 대표적인 중세사가인 아우빈 역시 시대적 상황이 배출한 역사가로 평가될 것이다. 학교 교육을 통해 습득된 독일 문화의 우월성은 아우빈의 학문 세계를 형성하는 데 결정적인 역할을 했다. 뮌헨, 빈, 카이로, 브레슬라우, 함부르크에서의 교육과 연구로 폭넓은 경험을 할 수 있었음에도 불구하고, 그의 서유럽 중심적인 역사관에는 변화가 없었다. 유럽 이외의 여타 지역의 문화 수준은 초보적으로, 특히 그의 주 관심사였던 "동유럽은 '문화 부재'의 공간으로 독일 문화에 흡수될 수밖에 없는 운명"으로 규정했다. 국경은 문명과 야만의 경계라는 기존의 국경론을 답습한 것이다.

1937년의 소책자에서 아우빈은 슐레지엔을 동유럽 식민 이주가 진행되었던 중세 독일 문화의 출발점이자 '독일 정신의 최전방 국경선'으로 규정하였다. 따라서 슐레지엔에 타문화에 대항하는 전투적 공간이라는 이름을 붙임으로써, 이민족의 역사적 흔적을 지우려고 노력했다. 한 걸음 더 나아가 문화적 순수성을 보호하기 위한 역사적 '인종 청소'의 필요성도 제기하면서, 국경 지대의 배타적 전유를 위한 정책을 제시하였다. 이처럼 아우빈을 중심으로 한 브레슬라우의 동유럽 연구자들은 '영토 순결주의' 기획가로서 국경 지대인 슐레지엔을 독일인의 역사적 생활공간으로 정의하여 베르사유 평화조약 수정을 꾀하는 정책 입안에 크게 공헌하였다.

중세 이후 독일인의 생활공간으로 이해되었던 포메른은 종교적으로나 경제적으로 독일인들의 업적에 힘입은 바 크다는 것이 이 시기 독일 역사학자들의 공통된 견해였다. 그러나 서기 천년 이후 폴란드가 포메른 지역을 '무력으로' 정복하려 들면서 이 지역에서 순차적으로 진행되고 있던 '독일화' 과정이 암초에 부딪히고 말았다. 이러한 폴란드인의 '호전적이고 공격적인 속성'에도 불구하고, 독일인들은 이 지역에 높은 수준의 문화를 전파함으로써 새로운 지배자가 될 수 있었다는 것 역시 국경 지대에 대한 독일 측의 공통된 견해였다. 국경의 수호는 야만에 맞서는 역사적 소명이라는 것이다.

그 외에도 로스펠스Hans Rothfels는 쾨니히스베르크대학에서 1920년대 중반부터 '쾨니히스베르크 동유럽 연구'를 진행하면서 여러 학자들을 규합하여 실지失地 회복이라는 정치적 목적에 이론적 도움을 주었다. 특히 독일과 폴란드의 국경 지대인 포메른-슐레지엔 '회랑'은 이들에게 초미의 관심사였다. 쾨니히스베르크에서 활동하면서 나치 정권에 부역한 역사가라는 불명예스러운 낙인이 찍힌 콘체Werner Conze, 쉬더Theodor Schieder와 같은 학자들도 다양한 형태로 나치의 정책에 자발적으로 협력하였다. 본래 교회사학자였던 베트겐Friedrich Baethgen은 1932년의 글에서 독일 영토 밖에 있던 독일 동포들이 걸어온 길을 회고하면서, 이들이 어떻게 독일 정신을 보존해 왔는지에 대해 역사적 성찰을 하였다. 총망받던 학자였던 그는 오스트리아와 수데텐 병합이 있던 다음 해인 1939년에 "우리는 지난해 위대한 사건을 경험했다. 이는 역사적 필연이었다"는 말과 함께, 제3제국의 형성을 영광스러운 중세 제국의 부활로 보았다.

나치의 국경사 연구

양차 세계대전 사이의 역사가들은 시대의 이데올로기적 근거를 제공하는 임무를 수행했을 뿐 아니라, '연구비 수주'를 위해서 다양한 정치적 목적의 프로젝트 수행에 적극적으로 참여하였다. 학문의 정치화와 선전도구화가 정점에 이르렀던 나치 시대에 함페 Karl Hampe, 1869~1936와 같은 어용 사학자가 정치 이데올로기의 주조자로서 활동하게 된다. 하이델베르크대학에서 중세사를 강의하던 그는 슐레지엔, 포메른, 프로이센, 폴란드에서 평화롭게 점진적으로 진행된 중세 독일인들의 동유럽 이주를 '독일인들의 위대한 식민 사업'으로 칭송하였고, 이들은 수준 높은 독일의 문화를 전파함으로써 동유럽 지역을 개화시켰다는 문명 전파이론을 제기한다.

국익을 위한 군사적 무력 사용조차 동조했던 국수주의적 신념의 소유자인 그에게 중세 동유럽으로의 영토 팽창은 독일 민족의 위대한 업적이었으며, 과거의 국경을 되찾는 데 무능한 바이마르 공화국은 역사의 교훈으로부터 많은 것을 배워야 한다고 보았다. 그의 문화전파 이론은 당대의 많은 학자들에게 학문적 영향을 주었고, 대표적으로 고르반트Emil Gohrbandt는 자신의 논문에서 부코브/부츠코프 수도원이 지역 발전에 기여한 '문명화 사업'을 조사하였다.

'역사 서술의 정치화'는 또 다른 중세사가 뤼트케Franz Lüdtke의 저작 속에서 더욱 두드러졌다. 1919년 폴란드에 귀속된 브롬베르크Bromberg 출신으로 베르사유조약 이후 영토 상실에 대한 반감을 품고 있던 그는 독일인들의 동유럽 식민지 운동을 옛 게르만 영토 수복의 일환으로 보았고, 이곳은 그의 조상들이 자신들의 고향으로 만들기 위해 피를 쏟았던 장소였다. 이점에 있어서 뤼트케는 전형적인 '핏줄과 향토의 역사가'였다. 슬라브 인들과의 전쟁을 성공적으로 수행했던 하인리히 1세는 뤼트케의 우상이었으며, 나치 전범 힘믈러Heinrich Himmler도 자신의 연설에서 뤼트케의 문장을 인용하기도 하였다. 뤼트케는 독일-폴란드 영토분쟁은 "천 년간 지속되어온 전쟁을 종식시킴으로써만 가능하다"는 확신을 갖고 있었다. 그의 이러한 생각은 실제로 1939년 히틀러의 폴란드 침공과 더불어 실현되는 듯했다.

학문을 통해 나치의 동방정책에 기여했던 관변 역사학자들은 그 이전에는 '작센 도살자'로 낙인찍혔던 카알 대제의 동방정책을 "슬라브 인들의 침공을 막고 게르만 인들의 동방 이주를 가능하게 했던" 통찰력 있는 정책으로 재평가하였다. 이렇게 해서 중세의 동방 팽창 정책을 주도했던 카알 대제와 더불어 하인리히 1세, 오토 1세는 제3제국이 기획한 동방정책의 규범이 되었다. 또 다른 중세사학자 스타이넨Wolfram von den Steinen도 자신의 글에서 카알 대제의 작센 전쟁은 정의로운 전쟁이었으며, 여기서 흘렀던 피는 역사의 동력이 되었음을 역설한다.

학자들은 더 나아가 히틀러와 무솔리니의 공조체제를 중세 독일-이탈리아의 긴밀한 관계의 역사적 연장선상에서 바라보고자 했다. 할러Johann Haller가 슈타우퍼 왕조의 대對 이탈리아 정책에서 '미래지향적 의미'를 찾고자 했던 이유도 같은 맥락에서 이해될 수 있다. 독일과 이탈리아를 잇는 남북 축을 근간으로 전개된 슈타우퍼 가의 통합정책으로 유럽은 안정기를 맞게 되었고, 이는 부단한 팽창정책을 전개한 위대한 통치자들의 공로로 평가되기도 하였다. 역사학계의 이러한 연구 분위기는 자연스럽게 독일 민족의 위대한 업적을 가능케 하였던 '위인' 중심의 역사 서술로 이어졌다.

국경 지대인 슐레지엔 지역사 연구는 이곳이 정서적으로 독일 민족의 공동체임을 선전하였고, 포메른에서는 게르만 문화의 연속성과 지역에 미친 독일인의 영향력을 부각시키는 데 그 초점이 맞추어졌다. 슐레지엔과 포메른에 대해 역사적 연속성과 문화적 영향력 입증에 주력했던 독일 학자들의 논리 속에는 이 지역이 독일의 고유한 땅이라는 '역사 주권historical sovereignty'의 사고가 자리 잡고 있었던 것이다. 역사 주권적 발상이 영유권 주장의 정치적 근거가 되었음은 물론이다.

이와는 반대로 폴란드인들의 자생적인 문화 창조력과 독자적인 정치체제의 수립 능력은 부인되었다. 볼노프Hermann Bollnow는 폴란드의 성을 중심으로 한 통치조직이 독일인 이주민들의 도시 건설에 미친 영향은 전무하며, 도시 제도는 전적으로 독일인들의 '독창적인 문화적 업적'임을 강조했다. 이는 슬라브인들에 대한 독일인들의 인종적, 문화적 우월성을 뒷받침하는 나치 이데올로기가 형성될 수 있는 토대가 되었다. 쾨츠케Rudolf Kötzschke는 '민족·문화 향토 연구'를, 아우빈은 '적들의 공격을 방어하기 위한 수단으로서의 동유럽 연구'라는 노골적인 목적론적 역사 연구를 주창하였다. 이렇게 해서 역사 연구는 무기가 되었으며, 제국주의적 팽창 정책을 뒷받침할 수 있는 이론적 토대를 마련하는 데 결정적인 기여를 하게 된다.

폴란드의 서유럽 연구Polskie badania zachodnie

독일의 동유럽 연구가 베르사유조약에 대한 반발로 시작되었고 바이마르 공화국과 나치 시대에 그 정점에 도달했다고 한다면, 폴란드의 서유럽 연구는 제2차 세계대전 직후 오데르-나이세 국경이 확정되고 한반도의 남한 면적보다 넓었던 독일 동부 영토가 폴란드에 넘어가면서 본격화되었다. 이는 일종의 중심에 대한 주변부의 저항 담론으로, 이제 역사가 영토분쟁의 수단이자 저항 무기가 되었다.

서유럽 연구와 관련해서 흥미로운 또 다른 사실은, 독일의 민족주의적 역사 담론에 반기를 들었던 폴란드 역사학자들이 독일의 대학에서 독일 교수들에게 교육을 받았다는 점이다. 19세기 말 사료 중심주의를 빙자한 자민족적 역사 해석의 문제점을 일찌감치 제기하였던 스몰카Stanisław Smolka도 괴팅겐의 바이츠Georg Waitz에게서 수학하였고, 다른 폴란드 역사가들도 방법론적으로는 독일 역사가들과 그 궤를 같이했다. 역사주의의 제자들이 이제 스승의 국수주의적 학문 방법론에 문제점을 지적하면서, 그 스스로 똑같은 구렁텅이로 빠져들고 말았다.

물론 제2차 세계대전 직전에도 독일과 폴란드 역사가들 사이에 국경 지대에 대한 역사 논쟁이 없었던 것은 아니다. 이 점에 있어서 '1025년 볼레스와프의 왕위 등극' 900주년을 기념하기 위해 1925년에 개최된 제4회 폴란드 역사학 대회가 갖는 상징적 의미는 크다. 왕위 등극 문제 자체가 양국 학계에서 논란이 되고 있던 사실은 차치하고라도, 이 학술대회의 결과물은 독일 학자들의 반발을 사기에 충분했다. 1933년에는 폴란드 학자들에 의해서 『고대부터 1400년까지의 실롱스크 지역사』가 출간되었는데, 이는 역사적 연속성의 강조를 통해 이 지역의 영유권 주장을 입증하기 위한 정치적 기획의 결과물이었다.

그림 2_ 1920년에 오버슐레지엔에서 발간된 폴란드의 잡지에 실린 왼쪽 그림은 독일을 폴란드 국경을 넘어오려는 맹수의 모습으로 표현하고 있다(출처: Wikimedia Commons). 오른쪽은 1925년 독일에서 발행된 반폴란드 팸플릿으로 여기서 폴란드는 동프로이센을 먹어치우려는 야수의 모습으로 묘사되었다(*Ostpreussen : Selbstbestimmungsrecht oder Gewalt* (1930)의 표지).

포메른과 슐레지엔은 폴란드인들에게 '조국의 요람을 형성하는 지역Polskie ziemie macierzyste'으로, 독일 측의 국경 수정 압력은 '독일의 위협'으로 비쳤다. 실지 회복을 요구하는 독일의 호전적인 주장에 대해, 폴란드의 학자들은 양차 세계대전으로 할양된 지역은 폴란드의 고유한 영토임을 역사적으로 증명하는 지상 과제를 떠맡게 되었다. 그 중심에 섰던 포즈난대학은 포메른, 동프로이센, 슐레지엔의 '탈환'을 통해서 이 지역이 '재슬라브화', '재폴란드화' 되었음을 입증하는 작업의 산실이었다. 이는 역사적 연속성의 강조를 통해 이 지역의 영유권 주장을 입증하기 위한 정치적 기획의 결과물이었다.

여기에 선두적인 인물은 보이치에호프스키Zygmunt Wojciechowski로, 그는 폴란드 중세사의 대표적 학자였던 발처Oswald Balzer의 수제자로 제2차 세계대전 직후 폴란드의 서유럽 연구를 주도적으로 이끌었던 인물이다. 그는 전후 폴란드가 탈환한 오데르-나이세강 동부 지대는 본시 1337년까지만 해도 폴란드 영토였으나 독일인들에게 빼앗겼다가 되찾았다는 '영토 수복론'을 주장한다. 이를 뒷받침하기 위한 논리로 수복된 지역의 폴란드적 성격이 지나칠 정도로 강조된 것은 당연한 사실이었다. 이를 위해 폴란드 왕국 건설과 관련해서 바이킹 개입설은 일언지하에 부정했고, 미에쉬코Mieszko I, 930~992의 정복 전쟁 이후의 슐레지엔, 포메른, 포멜렐렌은 폴란드인의 고향과 같은 고유 영토로 간주되었다.

이렇게 해서 1945년 이후에는 '수복 영토ziemie odzyskane'에 대한 역사적 권리와 정당성을 위한 서유럽 연구가 진행되었다. 그 결과 폴란드가 이제 '옛 피아스트 지역'으로 돌아왔다는 '정치적' 주장이 전면에 등장한다. 이를 위해서 국경 지대에 남아있는 독일의 흔적과 역사는 지워지고, 잊혔던 폴란드 언어와 역사를 부활시키려는 정책이 실시되었다. 이러한 국경의 폴란드화는 본격적인 독일-폴란드 역사전쟁의 시작을 의미했다.

'재이주' 혹은 '재탈환'과 같은 동유럽 연구와 서유럽 연구에서 공통적으로 사용된 기본 개념, 학문과 정치의 동반적 성격에서 보듯이 독일과 폴란드의 역사가들은 민족주의적이고 보수주의적인 정책의 수단으로 역사 연구를 진행하였다. 이는 '투쟁하는 학문' 바로 그 자체로, 양국의 상당수 역사학자들은 관변학자로서 국가 정책에 기여하고자 노력하였다. 폴란드의 경우 당시로서는 비정치적인 학문 자체가 불가능할 정도로, 포즈난대학에서 쏟아낸 연구 성과가 이를 잘 대변한다.

폴란드 측의 서유럽 연구는 민족의 형성은 국가 제도의 확립에 종속적 변수라는 이론에서 출발한다. 이는 위대한 영웅을 배출한 왕가의 탁월한 정치적 업적으로 인해서 민족은 '형성'된다는 생각으로, 연구자들의 관심을 민족 영웅의 발굴에 기울게 하는 역할을 했다. 그 결과 오데르와 바이헬강 사이에 거대한 왕국을 건설하였던 용감왕 볼레스와프 1세Bolesław I, 967~1025가 폴란드 민족의 창시자로 '새롭게 밝혀졌고', 이후에도 이 지역은 역사·정치·문화·인종적으로 타지역과 격리된 통일적인 단위로 남았다는 것이다. 뿐만 아니라 지리적으로도 오데르-나이세, 발트해, 바이헬과 같은 '자연적 국경'은 '폴란드 민족의 조국Polski macierzystej'을 외부로부터 구분한다는 주장이다. 따라서 국토의 상실은 국가조직의 와해를 넘어선 자연의 순리를 거역하는 일이었다.

국경을 접하고 있는 독일과의 관계사에 대한 해석에 있어서도 미에쉬코 1세의 왕국 건립은 독일 측의 잔인한 영토 팽창 정책에 대한 반발의 결과이며, 볼레스와프는 신성로마제국의 '팽창주의 정책'에 대항한 방어벽을 설치한 인물로 평가되었다. 그러나 폴란드 역사가들은 제국주의적 침략 앞에서 피아스트 왕국이 무너질 수밖에 없었던 사실과, 그로 인해 슐레지엔과 포메른의 독일화가 폴란드 단일 문화의 전통을 소멸시켰던 사실을 개탄했다. 특히 브란덴부르크의 포메른 점령과 독일 기사단 국가의 형성이 이루어진 1308~1312년은 폴란드 역사에서 비극이 시작되는 순간으로 기억되었다. 이는 유럽의 '지배 민족'이 되고자 했던 독일인의 야망이 싹트는 시간이라는 것이다.

이상으로 20세기 국가 상호 간 국경 인식을 지배한 민족주의 역사 서술을 되짚어보았다. 지난 세기의 민족주의 패러다임은 국가집단 간의 갈등을 대중의 애국심 고취 등 정치적 목적을 위해 반복적으로 이용했다. 이 과정에서 과거를 특정 시각으로 박제화한 개별 국가들의 '공적 역사'가 뿌리내렸고 언론과 역사 교육 등은 이를 다시 확대 재생산시켰다. 그 결과, 불편한 이웃에 대한 적대감은 확산되었다.

2. 이론적 배경

역사전쟁

한국과 일본 사이의 독도 문제, 중일 간의 센카쿠尖閣/댜오위다오釣魚島 분쟁, 러일 간의 북방 4도서 분쟁은 동아시아 영토분쟁의 대표적인 사례들이다. 일본이 교과서에 독도 영유권을 명기하면서, 이제 영토를 둘러싼 국가 간의 영유권 분쟁 문제는 우리의 현실이 되었다. 아직도 지구상에는 크고 작은 영토 쟁탈전이 진행 중이다. 되돌아보면 영토와 국경 분쟁은 오랫동안 세계 각국에서 이어져 왔고, 특히 수많은 민족이 등을 맞대고 살았던 유럽에서 국경 지대는 소통의 공간이기도 했지만 때로는 분쟁의 장소로 변하기도 했다.

1990년 독일의 재통일과 함께 오데르-나이세 국경선이 독일

연방공화국의 동부 국경으로 최종 확정되면서 독일과 폴란드 양국의 정상화에 걸림돌이었던 국경 문제는 평화적으로 해결될 수 있었다. 이로써 갈등과 반목으로 점철되었던 '천년 전사戰史'의 원인이었던 국경 분쟁은 종식되고 역사 화해의 발걸음을 본격적으로 내딛게 되었다. 하지만 '피 흘리는 국경선'을 둘러싼 양국의 첨예한 대립은 19세기와 20세기의 민족주의를 앞세운 역사전쟁을 거치면서 치유하기 어려운 깊은 상흔을 곳곳에 남겨 놓았다.

양국의 영토와 국경 분쟁은 18세기 후반까지 거슬러 올라간다. 강대국의 폴란드 강제 분할1772, 1792, 1795, 프로이센에 의한 폴란드 점령지의 급속한 게르만화가 진행되자 폴란드 독립을 위한 저항과 민족주의의 열풍은 봉기로 표출되었다. 제1차 세계대전 이후 폴란드가 독립하고 전쟁에서 패한 독일은 베르사유조약의 강제 명령에 근거해 독일 동부 영토의 상당 부분을 '새 폴란드'에 내주게 되면서 양국의 적대감은 최고조에 달했다. 국경 갈등으로 비화된 대립국면은 패전국 독일에서 실지 수복과 국경 회복을 정당화하기 위한 역사 주권 되찾기 운동으로 확산되었고, 서로를 겨냥한 역사전쟁의 포화砲火를 주고받았다. 이 과정에서 학문은 침략과 지배를 정당화하는 정치적 무기로 동원되었다.

시간에 따라 국경에 대한 해석과 정의가 변화했다는 사실은 역사적 현상에 대한 인식의 전환을 의미한다. 중세 전성기부터 개간된 엘베Elbe에서 오데르-나이세강에 이르는 영토는 후대에 대부분 구동독 지역이지만 그중 슐레지엔이나 포메른 같은 일부 지역은 제2차 세계대전 이후 폴란드에 귀속된 곳이다. 19세기부터 1990년 독일 통일까지 200년에 걸친 역사전쟁의 최전선이었던 국경 지대가 바로 이곳으로, 중세부터 독일을 비롯한 서유럽 지역의 이주자들이 여러 슬라브족과 본격적으로 조우하던 장소이기도 하였다.

무기가 된 국경 연구

프로이센에 점령된 영토에 대해 폴란드가 19세기 중반부터 영토 주권을 되찾으려는 관심을 보이면서 폴란드의 학자들은 포메른과 슐레지엔을 '조국의 요람'으로 규정했다. 이와는 반대로 독일-프로이센의 학자들은 국경 지대를 자국 역사의 일부로 편입시키려는 노력을 기울였다. 이러한 독일 측의 양보할 수 없는 역사적 권리를 주조하기 위해 본격적인 역사전쟁이 시작된 것이다. 이 과정에서 등장한 이론과 담론은 고전적인 국경 연구의 국가 중심적 사고와 분석틀을 잘 드러낸다. 먼저 논란이 된 주장은 크게 세 가지로 요약될 수 있다.

1. 역사 주권론

폴란드가 독일 동부 지역에 대한 영토 주권을 주장하자 프로이센의 역사가들은 폴란드의 강제 분할 이전부터 이 지역이 자국의 영토였다는 이론적 근거를 내세우기 시작했다. 이곳은 독일인의 조상인 동게르만인이 원소유자였던 '영원한 고향'이라는 것이다. 이렇게 해서 이 지역은 고대의 '게르만 민족 이동' 전부터 게르만인들이 거주했던 그리고 게르만 민족의 직계후손인 독일인들에 의해서 재탈환되었다는 '원시 게르만론Urgermanentheorie'이 제기된다. 폴란드의 영유권 주장에 맞서 동부 국경 지대에 대한 시원적 권원이 독일에 있다는 '고유 영토론'을 내세운 것이다.

이 이론에 의하면, 게르만 민족 이동 이후에 슬라브-폴란드인들이 유입되었던 이곳을 중세에 "독일인들이 재이주Rückwanderung der Deutschen"하면서 발전된 독일 문화가 다시금 이식될 수 있었고, 10, 11세기의 식민지화에 공헌한 '영웅시대'를 거쳐 12, 13세기에는 정치적 안정과 경제적 성장을 이룩함으로써 "독일 민족의 문화적 위업을 달성"하게 되었다. '재이주', '재탈환', '재독일화'와 같은 기본 개념들은 국경선 투쟁Grenzkampf의 이데올로기적 자양분이 되었다.

역사적 근거가 박약한 이러한 허구적 주장은 나치 독일의 동방 팽창의 이념적 배경이 되었고, 1939년 히틀러의 폴란드 침공의 역사적 근거도 '독일인의 고유한 영토' 탈환과 '독일 동부 지역의 수복'이었다. 이러한 역사 주권론은 제1차 세계대전 패망으로 독일이 폴란드에 넘겨주어야 했던 고유한 영토를 되찾기 위해 만들어진 선전용 억지 논리였다. 하지만 동게르만이 독일인의 조상이라는 주장이 설득력을 잃으면서 엘베강 동부 지역이 본래부터 독일의 영토라는 원시 게르만론도 부정되기 시작했다.

2. 문화 전파론

동유럽에 대한 독일적 오리엔탈리즘은 슬라브인들의 정치적 무능함과 낮은 경제적 수준을 부각시킨다. 즉 문화적으로 미개한 이 문화 부재의 공간은 서유럽 선진 문화에 흡수될 수밖에 없었다는 주장이다. 고전적인 국경이론은 이처럼 자문화 중심적으로 전개되었고, 국경 지대에서 문화 교류적 측면을 등한시하면서 슬라브 원주민 문화를 철저하게 타자화하는 해석을 시도하였다. 동방 이주에 대한 19세기와 20세기 초반의 역사 서술은 동부 유럽을 개화시킨 독일의 '문명화 사업'이 갖는 문화적 업적을 부각시키고 이를 독일의 역사적 사명으로 인식하면서 옛 슬라브 영토가 독일 공동체에 귀속되는 과정에 초점을 맞추었다.

이러한 국경 팽창론은 동방 이주 이전 슬라브 문화의 후진성을 전제로 하며, 특히 시토 수도회의 개간과 도시 건설 활동에 대한 연구는 서유럽 그리스도교 문화의 우월성을 강조한다. 수도사들과 이들과 함께 온 개척자들은 낙후된 슬라브의 불모지terras desertas에 문명을 전파하는 전도사의 역할을 수행했다는 주장이다. '무능력한 슬라브인', 특히 '가난하고 게으른 폴란드인'이 거주하던 지역은 시토 수도사들에 의해서 "본격적으로 개간될 수 있었던" 점이 강조되었다. 이는 누구에게도 속하지 않는 영토에 대한 무주지terra nullius 선점의 논리를 통해서 역사 주권을 옹호하고 있는 것이다.

문화가 부재했던 '임자 없는 황무지' 슬라브 거주지에 대한 문화 민족 게르만인의 정복이라는 이분법적 문화 우월주의가 갖는 허구성은 1970년대부터 드러났으며, 이는 주권의 부재를 내세워 군사 점령을 합리화하려는 논리임이 밝혀졌다. 19세기와 20세기 유럽 제국주의가 식민 지배를 정당화하기 위해 고안한 무주지론은 제국주의의 이념적 폭력의 또 다른 이름이었다. 토지를 발견하고 선점하여 개간하는 쪽이 영유권을 갖는다는 이 주장은 국경을 문명과 야만의 단층선Fault Line으로 보는 문명 충돌론적 관점의 연속선 상에 있다.

문화 전파론은 독일의 문화가 슬라브에 대해 일방적 우위를 점하며, 문화 발전의 요인을 내부가 아닌 외부, 진화론에 대해 문화 전파의 우월성을 강조했던 반면에, 슬라브 민족은 역사와 문화가 없는 집단으로 치부되었다. 19세기 초에 출간된 책에서 라이테마이어Johann Friedrich Reitemeier는 '동방적 풍습'의 미개한 슬라브인들은 중세 '독일 민족deutsche Nation'의 동유럽 이주로 인해서 '쫓겨나면서' 이 지역은 '게르만화되었고', 그로 인해서 '문화와 쾌적한 생활'을 이식할 수 있게 되었다고 주장한다. 독일인들의 이러한 '혁신적인 공헌 활동'의 결과 문명의 황무지에서 문명의 진보가 가능해졌다는 생각이다.

하지만 라이테마이어는 독일과 슬라브의 패권 싸움을 현재 진행형으로 생각했고, 프로이센의 동방 정복으로 이 미완의 역사적 과업은 완수될 것으로 확신했다. 제3차 폴란드 분할1795년에 따라 폴란드는 완전히 소멸되었지만, 프랑스혁명의 영향을 받은 1791년의 5월 헌법에 자극된 폴란드 민족주의에 대한 두려움은 이후에도 지속되었다. 프로이센에 대한 나폴레옹의 승리1806년와 바르샤바 공국의 존속1806~1815은 폴란드의 민족주의 감정을 한층 고취시켰고, '폴란드 최고의 민족시인' 아담 미츠키에비츠Adam Mickiewicz는 민족 감정을 자극하는 영웅 서사시를 서술하였다. 프로이센인들이 개척했다고 주장하는 포메른과 슐레지엔은 폴란드인들에게 '조국의 요람을 형성하는 지역Polskie ziemie macierzyste'으로 인식되었다.

라이테마이어의 민족주의 사관에 경도된 일방적인 문화 전파론은 1863년 바텐바흐Wilhelm Wattenbach의 기고문에서 더욱 강한 호소력을 지니게 되었다. 문화 전파를 위해서는 무력 사용조차도 정당화되었다. 19세기 중반 이후 독일 학계와 정치적 담론 구조에 정착된 문화 전파론은 바이마르 시대에 와서 중세 독일 왕들의 동방정책은 야만에 맞서는 '문명 수호자', 독일의 '웅대한 기획'으로 칭송되었다. 슐레지엔을 '독일 정신의 최전방 국경Grenzmark des Deutschtums'으로 정의한 20세기 독일의 대표적인 중세사학자 아우빈도 국경 지대의 배타적 전유를 위한 역사전쟁에 동참했다. 그는 자신의 저서에서도 문화 부재의 공간인 슬라브 지역의 개척을 독일 민족의 위업으로 해석하였다. 이렇게 독일인이 슬라브인들보다 우월하다는 배타적 민족주의 사상에 근거한 문화 전파론은 19세기와 20세기 초반의 정치적 슬로건으로 활용되었다.

3. 선행 문화 말살론

에른스트Heinrich Ernst와 같은 19세기의 역사가들은 우월한 군사력을 갖춘 독일인들이 '새로운 독일 국가'를 건설하기 위해서 슬라브 원주민들을 말살했고 살아남은 자들도 도망갈 수밖에 없었다는 '선행 문화 말살론'을 제기한다. 국경 지대의 배타적 전유를 위한 문화적 순수성을 강조하는 영토 순결주의가 기획된 것이다. 영토 내의 모든 역사를 '독일화'하기 위한 물밑 작업으로 이민족의 역사를 철저히 배제해야만 했다.

슬라브 절멸론은 19세기에 폴란드와 체코슬로바키아의 독일 동부 지역에 대한 고토古土 회복의 이론적 토대를 박탈하기 위해

고안된 이론이었다. "오데르강 서쪽의 슬라브인들은 십자군 시기에 사실상 소멸되었다"고 주장한 역사학의 아버지 랑케Leopold von Ranke도 슬라브인 집단학살을 초래한 군사작전을 '성공적 역사'로 치켜세운 바 있다. 슬라브인들이 '절멸된' 멕클렌부르크Mecklenburg, 포메른, 브란덴부르크, 슐레지엔의 경계 지대로 이주한 독일의 귀족, 시민, 농민은 이곳에서 새로운 종족Stamm을 형성하였다. 비록 독일의 슬라브 정복에 이은 말살 이론은 이미 20세기 초에 부정된 학설이지만, 이후에도 슬라브 원주민들이 독일 이주민들에 끼친 영향력은 학계에서 최소화되었다. 그 결과, 슬라브 원주민과 독일 이주민의 혼거混居와 혼혈은 부정되고 이들의 지속적인 상호 교류와 공존에 대한 인식은 지극히 부족했다. 슬라브 절멸론은 슐레징어Walter Schelsinger와 같은 20세기 후반 서독의 대표적인 역사가에 의해 계속해서 옹호되었다.

중세 독일 민족의 동방 진출을 국경선의 확장으로 이해하면서 주권의 날카로운 모서리인 국경은 이렇게 다양한 이데올로기적 기제를 통해서 '발명'되었다. 근대 국가의 욕망이 만들어 낸 표상인 국경은 역사부도의 색 구분 지도에서 이웃 나라와 대비되는 색깔로 표기되는 국가의 최전방이다. 국가의 주권이 미치는 영토는 단일한 색채로 칠해지면서 국경은 국가의 통일성을 보호하는 방어선으로 상징화된다. 순수 혈통과 국가적 단일성을 훼손하는 이질적 요소는 우월한 민족의 색깔로 덧칠되어야 했다. 이 과정에서 약육강식과 적자생존의 원칙에 입각한 사회 진화론은 국경 연구의 이데올로기적 토대를 제공하였다.

이처럼 19세기와 20세기 전반기의 전통적인 국경 연구는 "국경은 변할 줄 모르는 정적靜的인 개념이 아니라 끊임없이 팽창할 수 있다"는 진화론적 신념에 근거한다. 이는 국경 연구의 선구자인 독일의 프리드리히 라첼Friedrich Ratzel이 그의 저서 『정치 지리학 *Politische Geographie*』1897에서 '영토가 국력의 원천이며, 국가도 다른 유기체와 마찬가지로 생존을 위한 적절한 공간Lebensraum이 있어야 진화하고 발전할 수 있다"고 주장하면서 진화론적 국경론을 피력한 것과 일맥상통한다. 또한, 고전적 국경 연구는 국경을 국가와 국가를 분리하는 지리적 경계선이자 국가의 주권, 영토, 국민의 존립을 보존하는 방패막으로 이해한다.

국민국가의 성장을 전제로 하는 이러한 선線 개념의 국경은 외세로부터 국가 안보를 수호하는 군사적 방어기능, 국가의 관할 영역을 획정하는 법적 기능, 국경을 넘나드는 인간과 상품을 규제하는 통제 기능, 이데올로기를 차단하는 단절 기능을 갖는다. 하지만 이러한 국경의 단절적·배타적 기능을 강조했던 근대의 고전적 국경이론은 전근대의 국경이 갖는 결합과 접촉의 역할을 설명하는 데 한계가 있다.

또한, 고전적 국경론은 외경外境에 치우친 나머지 내경內境이 빚어내는 역동성과 혼종성에 무관심했고 '국경'을 넘는 초국경적·노마드적 요소들을 등한시하였다. 경계는 국가와 같은 정치공동체 사이에 놓은 외적 경계도 있지만, 동일한 국가 내에 존재하는 다양한 인종과 문화들이 구성하는 내적 접촉 지대, 즉 내경도 존재한다. 내경에서 서로 다른 이질적인 집단들이 어떻게 사회적으로 잡거하며, 혼종적 문화 현상을 일으키는지에 대한 연구가 더 필요하다.

3. 국경의 기억

기억 연구

역사학의 새로운 전환점이 되었던 기억 연구는 서구 학계에서 20세기 후반에 본격화되었고, 국내 학계에도 2000년대 전후로 소개된다. 과학적 혹은 실증적 역사학의 방법적 합리성에 대한 회의감이 증대되고 개인의 사적 공간에 머물렀던 '기억'과 '역사'가 만나면서, 역사 연구의 대상이 '객관적' 사실을 해석하는 것에서 기념비, 박물관, 기념물, 역사 기념 시설 등 공간에 담긴 사회적 기억 연구로 확장된다.

기억 담론의 연구는 프랑스 역사가 피에르 노라Pierre Nora가 기획하여 1984년부터 1992년까지 총 7권으로 출간된 『기억의 장소 *Lieux de mémoire*』가 기점이 되었다. 독일의 경우 하겐 슐체Hagen Schulze가

집필한 『독일의 기억의 장소*Deutsche Erinnerungsorte*』가 기억 연구의 대표적인 성과라고 할 수 있다. '기억의 장소Lieux de mémoire' 개념을 제시한 노라는 기억과 역사는 구분되는 것이면서도, 상호 교환적이라는 측면에 주목하고 변증법적 구도에서 양자의 관계를 살피고자 했으며, 이 장소에는 '프랑스적인 것'과 관련된 다양한 사물·상징·기능적 영역이 포괄되어 있다고 하였다. 노라의 연구는 탈민족주의 시기에 흐려지는 민족적 기억을 다시금 불러냄으로써 프랑스인 스스로가 정체성에 대해 성찰할 수 있는 기회를 마련했다는 의의가 있을 것이다. 뿐만 아니라 역사학에서의 기억 담론을 본격화하고 서구 학계에서 기억 연구를 위한 주요한 연구 모델로서 상징적인 의미를 가진다.

독일의 기억 연구는 프랑스의 선구적 연구에 자극을 받으면서도 자기 성찰적 모습을 취한다. 독일적 기억 연구의 기반이 되었던 얀 아스만Jan Assmann과 알라이다 아스만Aleida Assmann 부부의 '문화적 기억kulturelles Gedächtnis' 이론은 사회적 집단기억collective memory이 형성되는 과정에서 취하게 되는 다양한 문화적 형식과 정치적 활용 방식의 관계에 대한 '문화사적 논의'로서 주요한 전환점이 된다. 이렇게 해서 기억이 사적이고 상대적으로 좁은 의미의 기억Gedächtnis에서 사회적 의미를 지니는 기억Erinnerung으로 확장된 것은 이후 독일적 '기억의 장소Erinnerungsorte'의 탄생으로 이어진다. 국내에서도 연구자들이 서구 학계의 기억연구를 소개한 바 있다. 그로 인해 '기억'이라는 개인적이고 다양한 스펙트럼을 가진 대상을 '문화(혹은 사회)적 기억'으로 환원하여 '역사적 기억'으로 이해하는 과정에서 개인과 구조 사이에 작동하는 다양한 기제를 살펴볼 수 있는 효과적인 방법을 제시하였다.

나움부르크성당의 우타

여기에서는 중세 독일의 변경에 위치했던 나움부르크성당Naumburger Dom의 '우타 입상'과 관련된 기억의 궤적을 다루고, 기억의 정치학 속에서 끊임없이 수단화되었던 중세의 국경 지대를 둘러싼 역사 논쟁을 되짚어보는 작업이 이루어질 것이다. 기존 서구 학계에서 독일 동부 국경 지대에 위치한 우타 입상에 대한 예술사적 선행연구들이 존재하지만, 우타를 기억의 담론에서 접근한 선행연구는 드문 현실이다. 이러한 상황에서 13세기 중반에 성당 기증자Stifterfigur로서 기림을 받기 위해 설립되었던 12석상 중 하나에 불과했고, 오랫동안 망각되었던 변방의 석상이 20세기에 민족적 기억으로 재소환되는 과정을 담아내는 것이 본 장의 목적이다.

먼저 우타 입상의 사례를 통해 기억과 역사의 관계와 구체적인 작동 기제에 대해 살펴보고, 이러한 기억에 대한 접근이 무엇이며 이것이 어떠한 방식으로 왜곡되었는지에 대해 살펴보고자 한다. 다음으로 '기억'과 '국경'이라는 양자적 구성을 통해 우타 입상이라는 기억의 장소를 고찰하고자 한다.

기억의 궤적과 망각

오늘날 독일과 폴란드의 국경 지대에 위치한 마이센 변경백Markgrafschaft Meissen에서 11세기에 생존했던 백작부인 우타는 오랜 시간 망각되었다. 실제로 우타의 삶과 행적에 관련한 기록은 그녀가 발렌슈타트Ballenstadt를 본거지로 한 아스카니아 가문Askanier 출신으로 마이센의 백작인 에케하르트 2세Ekkehard II와 결혼하였다는 정도에 불과하다. 아이가 없었던 백작 부부는 그들의 재산을 교회에 기부하였고 세상을 떠난 뒤 약 200여 년 후 이들을 기리는 기증자상이 나움부르크성당 서쪽 제단에 세워지게 된다.

마이센은 유럽의 대표적인 도자기 생산지로도 유명하지만, 동쪽으로는 폴란드, 남쪽으로는 체코와 접하는 국경 지대이기도 하다. 특히 독일과 폴란드의 '천년에 걸친 전쟁의 역사'의 원인으로 알려진 이 국경 지대가 '피 흘리는 국경선'으로 불리기도 하는 것처럼, 양국의 첨예한 대립은 19세기와 20세기의 민족주의를 앞세운 역사전쟁을 거치면서 치유하기 어려운 깊은 상흔을 곳곳에 남겨 놓았다.

역사전쟁의 최전선이었던 이 국경에 대한 기존의 연구는 전쟁, 정복, 학살, 선교, 문명화, 이주, 정착과 같은 논의와 함께 국가 팽창론적 관점에서 연구가 진행되었다. 엘베강의 동쪽에서 오데르-나이세강에 이르는 마이센 지역은 '슬라브인의 심장'이라 불릴 정도로 오래전부터 슬라브인들이 거주하던 장소였으나, 10세기 이후에 진행된 개간 사업으로 독일의 역사에 편입된다. 이러한 독일 동부로의 팽창 과정을 19세기 독일 역사가들은 '동유럽 식민지화'로 명명했고, 바이마르 시대의 대표적인 역사학자 함페Karl Hampe는 동방 진출을 '중세 독일 민족의 위대한 식민 사업'으로 칭송했다.

후기 로마네스크와 초기 고딕 양식이 조화롭게 구현된 나움부르크성당에 위치한 우타를 비롯한 12인의 기증자상은 1046년에 우타가 사망한 후 200년이 된 시점인 1240년대 중반에 제작되었다. 1242년 마이센의 주교로 선출된 디트리히 2세Dietrich II는 성당 증축 과정에서 서쪽 제단West Chor을 건립하고 성당 건립에 기여했던 에케하르트 가문과 이 가문을 계승한 베틴 가문Wettiner 12인 기증자상을 조성하여 이들을 기리고자 하였다.

우타와 관련된 기록은 18, 19세기까지 몇 차례 등장하나 대부분 12명 기증자들 중의 한 명으로 인식되었을 뿐이었다. 18세기 초반 익명의 조각공에 의해서 만들어진 동판화에서 우타가 남편인 에케하르트와 함께 등장하지만 작가와 출처조차도 명확하지 않았다. 이후 19세기 나움부르크의 지역 관리이자 향촌사학자였던 렙시우스Carl Peter Lepsius가 성당의 설립과 건축 역사를 정리하면서 발간한 나움부르크 12인 기증자 상에 대한 최초의 학술 연구서를 통해 우타 석상은 세상에 알려지기 시작했다.

하지만 여전히 나움부르크는 바이마르, 예나Jena, 라이프치히Leipzig 같은 주변의 주요 도시들과 비교해서 상대적으로 알려지지 않았던 곳으로, 1881년에 성당을 방문했던 독일의 서정시인 릴케Rainer Maria Rilke도 성당 안의 제단이나 기증자 상이 아닌 스테인드글라스로 장식된 창과 성당 주변의 묘비명과 새겨진 글귀만을 언급했을 뿐이다. 우타 입상에 대한 사회적 무관심이 더욱 분명하게 드러나는 것은 니체F. Nietzsche의 경우이다. 이 지역 출신으로 나움부르크의 학교에서 수학하며 성장 과정의 많은 시간을 보냈지만, 그 역시 우타 입상에 대해 언급한 적이 없다.

20세기에 와서도 우타와 12인 기증자상은 여전히 그 존재감이 미약했다. 1913년의 한 행사 프로그램 책자에는 두 쌍의 기증자 부부, 즉 우타와 에케하르트, 에케하르트의 형 헤르만Hermann과 그의 부인 레글린디스Reglindis가 등장한다. 그 중에서도 우타와 상반

되는 모습의 레글린디스가 등장하지만, 우타가 정치적 목적을 위해 부각되거나 특정한 의미를 가진 것은 아니었다. 1914년에 라이프치히에서 개최된 국제 도서전에서 다루어진 기증자상을 보더라도 우타가 아닌 다른 기증자인 게르부르크Gerburg와 빌헬름Whillhelm에 초점이 맞춰진 것을 알 수 있다.

이렇듯 20세기 초반까지만 해도 나움부르크성당과 우타 입상은 역사 속에서 간헐적으로 등장하는 존재에 불과했다. 나움부르크성당에 대해서는 서쪽 제단과 기증자상에 대한 일반적인 것만 부분적으로 소개되었고, 이는 우타 입상이 당시만 하더라도 역사적으로 큰 의미와 교훈을 주는 존재가 아니었음을 시사한다. 그녀는 독일뿐 아니라 나움부르크 지역의 역사에서조차 망각된 존재에 불과하였다.

기억의 소환

알라이다 아스만의 지적과 같이 "민족적 역사 기억은 '망각의 무덤'에서 다시 태동한다". 역사 속에서 주변적인 존재에 불과했던 18, 19세기의 기억과는 달리 '우타' 입상의 독립적인 존재감은 제1차 세계대전을 전후로 태동하여, 나치의 국가사회주의 시기에 정점에 이르게 된다. 이러한 움직임 이전에는 우타가 민족적·정치적인 목적의 수단이자 상징이 되리라고 예측하기 어려웠다. 성당에 조각된 인물상이 중세와 현대의 독일을 이어주는 가교이자 통합의 상징으로서 기능하게 된 것은 20세기 초반 독일의 국수주의적 시대 상황과 맞물린다.

제1차 세계대전 패배 후 출범한 바이마르 정부는 사회적 혼란과 '전후 책임과 배상' 문제에 당면하였다. 1919년의 베르사유조약은 독일인들에게 트라우마로 남았고, 이 조약은 독일 내부의 정치적 움직임과 경제 상황에 주요한 영향을 주었으며, 더 큰 갈등의 씨앗이 되어 제2차 세계대전을 촉발하는 주요 원인으로까지 이어졌다. 우타에 대한 집단기억의 재생은 1920년대를 전후로 한 독일의 민족주의적인 분위기 속에서 태동하고 있었다.

당시 독일 예술계에서 벌어진 고딕 건축의 기원에 대한 논쟁에서 독일 학자들은 우타의 입상을 만든 익명의 '나움부르크의 장인 Naumburger Meister'이 '독일인' 예술가라는 것을 밝히는 데 주력하면서, 이 기증자상을 만든 장인은 작센에서 훈련받았다고 주장했다. 친나치 예술계 인사로서 활동했던 핀더Wilhelm Pinder는 나움부르크의 장인을 '독일의 천재'로 지칭하며 서구 문화의 위대한 예술가인 렘브란트, 베토벤, 미켈란젤로 등과 비교하였다. 작가로 활동하던 보수적 성향의 하겐Oskar Hagen은 1919년 태어난 첫째 딸의 이름을 우타로 지었을 정도로 우타 입상은 독일 국민의 대중적 아이콘으로 '가시화'되었다.

1934년 8월에 히틀러가 정권을 장악하면서 나치 시대의 예술은 정치의 선전도구로 추락하였다. 예술은 점차 자체의 독립적인 위상을 상실하고 지도부가 목표로 한 '예술의 정치화'를 위한 도구로서 민족적인 요소를 부각시키고, 독일인의 우수성을 알리는 기능을 담당하였다.

나치 정부는 모든 문화정책을 기획하고 통제와 검열을 하였다. 정치가 예술영역에 침투하려는 움직임은 제도적인 영역뿐만 아니라 평범한 대중의 개별적이고 일상적인 영역 속으로 파고들어가 사람들의 정신과 마음을 지배하고자 했다. 영웅숭배와 추모 의식 등 각종 제의적祭儀的인 방법을 통해서 집단기억의 장소를 조성해 부각시켰다.

예술, 문화적 영역이 개인의 기억을 집단기억으로 환원시키기 위해 더할 나위 없는 수단임을 어떤 정치세력보다도 잘 알고 활용했던 나치 정부는 소위 문화적 지배를 위해 예술계에 대한 철저한 통제와 조치를 단행함과 동시에 대중적인 층위에서 선전예술을 적극 활용한다.

우타 입상의 기억이 재현되는 과정은 동시대를 살았던 발터 벤야민이 우려했던 정치의 심미화가 대중적인 영역으로 확대되는 과정을 보여주는 사례로서 그 의미를 가진다. 우타에 대한 정치와 예술계의 관심은 그녀를 독일 민족성과 연관시키려는 움직임으로 이어진다. 독일의 작가이자 극 연출가 쉬레어Lothar Schreyer는 1934년의 작품에서 우타를 독일의 아르테미스Artemis로서 묘사함으로써 그녀를 독일 민족성을 대표하는 인물로 규정하는 단초를 마련한다. 아르테미스의 처녀성, 숲, 지혜와 같은 신화 속 여신의 속성은 우타에게 있어 정숙하고 냉담한 여인의 정결함과 민족적 시원성을 연상케 한다. 더 나아가 마침내 우타는 국가의 어려움을 타개하기 위한 희망을 전해주는 여신으로 승화된다.

쉬레어는 우타와 에케하르트를 '독일 혈통'의 '생존경쟁'에 뛰어든 '전사'로 묘사하면서 우타 입상에 강한 민족적 색채를 덧씌운다. 나움부르크 대성당의 입상들은 '독일 국민', '독일의 민족혼', '독일인의 공동체적 삶과 운명'의 체화로, "대성당 자체가 독일"임을 천명한다. 뿐만 아니라 나움부르크 대성당은 슬라브인의 위협에 직면했던 '그리스도교 신앙과 독일 민족의 전초기지'이자 동시에 '국가권력의 상징'으로 기억되었다. 우타는 이제 고귀하고 순수한 독일 여성으로 등극하였고, 민족의 관문인 국경의 수호자로 추앙되고 격상되었다. 이렇게 해서 우타 입상은 민족의 어려움을 타개하고 희망을 전해주는 성소聖所가 되었다.

예술사가였던 슈마르조브August Schmarsow는 인종적인 혐오를 바탕으로 폴란드 출신이며 슬라브계 뿌리를 가진 레글린디스와 우타를 대비시킴으로써 그녀를 민족적인 '숭배' 대상으로 부각시킨다. "인종적 문제와 관련해서 볼 때" '북독일 출신의 미의 화신'인 우타는 '슬라브 출신의 어린아이'이자 '하녀'인 레글린디스와 대비된다. 이는 당시의 예술계에서도 우생학에 근거한 민족주의 성향이 드러나고 있음을 보여주는 사례이며, 우타와 레글린디스에 '독일 민족의 우수성과 고귀함'과 '천박한 슬라브인'이라는 대비적인 이미지가 투영되고 있음을 알 수 있다. 나치 정권은 독일적인 것에 의미를 부여하고 인종적 우월성을 확인하기 위한 수단으로서 우타에 대한 기억을 재소환하였다.

나치의 선전예술에서 수단화되었던 문학, 연극, 사진 및 영화와 같은 다양한 매체와 복제 기술들은 우타를 다양한 모습으로 재현해 내었다. 나아가 시간과 공간의 제약을 뛰어넘어 독일의 전형적인 '민족성'과 '여성성'을 상징하는 우타의 이미지를 독일 국민의 안방으로 전달하는 확성기 역할을 했다. 대표적으로 사진작가이자 영화 제작자이기도 했던 헤게Walter Hege는 기증자상이라는 이미지에 극적인 내러티브를 부여해 우타의 속성을 근본적으로 변화시켰다. 인종주의적 사진작가로 평가되던 그는 1920년대부터 40년대까지 중세의 조각과 건축물을 사진에 담았고, 사진이라는 수단을 통해 우타가 대중적으로 수용될 수 있게 만들었다.

사진을 통해 전해지는, 실제보다 더 실제 같았던 우타에 대한 집단기억은 보다 더 많은 이들에게 전해지면서 평범한 사람들의 관심을 불러일으켰다. 우타가 상징적으로 체화했던 '독일 민족'은 당대에 사진이라는 매체의 이동성과 실재성이라는 특징에 힘입어 독일 곳곳으로 우타와 메시지를 전달했으며, 독일 민족이라는 정체성이 '실재'하는 것으로서 인식되도록 하였을 것이다. 실제로 사진 매체를 비롯한 각종 연극 등의 수단을 통해 나움부르크가 알려지기 시작하면서 도시는 '우타의 도시Utastadt Naumburg'로 알려지기 시작하였고, 1934년에는 34,000명, 1936년에는 80,000명, 1938년에 이르러서는 약 93,000명이 나움부르크 서쪽 제단의 우타 입상을 찾았다.

사진 외에도 우타는 상당히 많은 연극으로 재현되었다. 대표적으로 시인이자 극작가로서의 명성을 얻기 시작했던 뒤넨Felix Dhünen의 극문학 『나움부르크의 우타*Uta von Naumburg*』가 있다. 이 작품을 계기로 여러 작가들에 의해 연극으로 각색된 나움부르크의 우타 이야기는 1934년 초연된 이후 십여 년 동안 100회 이상 상연될 정도로 독일 전역에서 선풍적인 인기를 얻었다. 연극이 상연되자 언론은 '불가사의한 마술', "돌이 생명력을 얻었다"는 찬탄을 아끼지 않았다. 이는 우타가 많은 독일인들에게 연극이라는 매체를 통해 다양한 내러티브 속에서 상연되고 있다는 것을 보여주며, 우타 입상은 더 이상 석상이 아닌, 오랜 잠에서 깨어난 민족 영웅으로서 새로운 생명력을 부여받게 된다.

국가사회주의 시기 정치적 의도가 대중 매체를 통해 아래로 번져나가는 움직임에서 우타는 민족성뿐 아니라 '여성성'의 전형으로서 또한 주목된다. 우타에 투영된 여성성을 살펴볼 수 있는 대표적인 작품은 1938년에 집필된 아우구스틴Hildegard Koppen-Augustin의 소설 『에케하르트와 우타*Eckehard und Uta*』이다. 서로 사랑했던 연인으로서 우타와 에케하르트 부부가 묘사되지만, 우타는 에케하르트라는 용맹한 전사의 옆에서 '묵묵히 함께하는 아내'라는 수동적인 인물로 그려진다. 대부분의 시간 동안 출타해 있던 백작 남편의 옆에서 외로운 삶을 이어가고, 남편이 가진 정치적인 사명을 위해 아내인 우타는 종속적인 인생을 살아간다. "그가 너를 기다리고 있지 않다고 하더라도, 너는 그래야만 해. 용감해져야만 해, 우타"라는 대사에서 나타나듯, 남편을 위한 그녀의 희생은 필연적이었다. '희생'이란 곧 여성적인 행위이며 부부간의 사랑의 징표로서 민족적인 관점에서 그 의미가 격상되었다. 즉, 남편의 조력자인 아내로서 마땅한 의무이자 책임인 희생은 곧 나치 시기 여성들이 민족, 나아가 '국가'를 향해 취해야 했던 태도를 의미했다.

1938년 2월 26일 국가사회주의당의 서쪽 제단 기념식이 진행되는 가운데 나움부르크 우타 입상은 이러한 '희생적인 아내'의 이미지로 선전된다. 당시 기념식에서 우타를 소재로 헌정한 나움부르크의 교사 랑어만Roland Langermann의 시詩에서 우타는 국가를 위협하는 위험을 알아차리는 '독일적인 영웅'이며 동시에 외롭고 험난한 삶에도 불구하고 인내하고 마음의 평정을 잃지 않는 독일적인 여성으로 묘사된다. 시인은 우타와 같은 '민족의 수호자'가 되기를 마음속으로 읊조렸다. 우타 입상에는 독일 민족의 울분을 대변함과 동시에 독일적인 미덕을 보여주는 독일의 모범적인 '민족성', 용감하게 사람들을 위해 헌신하는 희생적 '여성성'이라는 상징성이 투영되고 있었던 것이다.

우타에 대한 집단기억은 1938년 뮌헨 시에서 거행된 축전2000 Jahre deutsche Kultur에서도 재생산되었다. 히틀러가 직접 참여해서 게르만의 문화와 예술적 업적을 '환상적'으로 칭송했던 이 행사의 축제 행렬에는 나움부르크 12인 기증자 상의 모형이 대형 마차에 실려 공개되었다.

그림 3_ 1938년 뮌헨 시에서 거행된 축전에서 우타의 입상이 마차에 실려 공개되고 있다.(출처: akg-images)

우타 입상을 둘러싼 예술의 정치화와 국수주의적 미학은 치밀하게 기획되어 일상적인 영역에까지 침투하고 있었다. 연출된 사진, 민족적 서사, 정치적 구호는 화려한 무대에서 민족주의적 집단 기억을 재생산하고 강화하는 기제로 활용되었다. 독일의 민족적인 전형성, 나아가 여성으로서의 역할을 상징하는 인물로 기억된 우타 입상이 여러 방식으로 재현되고 정치적 입지를 얻어감에 따라, 전후 경제적인 어려움이 중첩되고 베르사유조약과 같은 트라우마를 경험한 당시의 세대에게 이 기증자상은 독일적인 정체성을 확인하는 하나의 실재이자 불안한 현실 속 미래의 희망이 투영된 상징이었다. 불분명한 정체성을 가진 변방의 작은 석상은 아주 특정한 목적 하에서 왜곡되어 '재현'되거나, 사람들의 일상적인 기억까지 침투하여 국가사회주의적인 움직임에 유용한 정신적 자양분이자 촉발제로서 작용했다.

하지만 이렇듯 많은 인기와 열기를 실감하며 연극, 사진, 잡지 등 다양한 대중매체를 통해 영향력을 끼쳤던 우타는 민족적인 집단기억을 필요로 했던 주체이자 생산자였던 나치 정권의 몰락과 함께 환영처럼 사라진다. 제2차 세계대전에서 패배를 경험한 이후 분단된 독일에서 우타에 대한 기존의 민족주의적 기억은 수그러들었고, 사회주의 동독에서는 이데올로기적인 이유로 인해서 귀족 가문에 대한 연구 자체가 등한시되면서 변경의 백작부인 우타의 기억은 사라져갔다.

서독의 역사학계에서도 이념적 장벽의 이면에 있던 에케하르트 가문에 대한 역사적 기억은 점차 흐려졌다. 일시적이나마 분단 상황 속에서 새로운 '정체성'과 '통합'을 위해 우타의 기억을 재소환하려는 의도로 1957년에 발행된 우표에는 우타 기증자상이 단독으로 등장한다. 여기서 우타의 상징성이 '통합된 독일'을 회고하는 장치로서 사용되고 있음을 알 수 있다. 그러나 이러한 움직임은 이전에 이루어진 이데올로기화 과정과 비교하였을 때 큰 동력을 가지지는 못했다. 시간이 지나고 민족 개념의 필요성이 상실되자 우타 입상의 가치와 명성 또한 사라져갔다.

초국가적 접경의 기억

그림 4_ 2011년 전시회의 모습. 당시의 언론들은 '랭스에서 나움부르크'라는 제목으로 우타 입상의 초국가적 기억을 찾고자 했다.(출처:n-tv)

역사에서 다시 망각되는 듯 보였던 우타에 대한 역사적 기억은 독일 통일 이후 옛 동독 지역에 대한 중세 연구가 활성화되면서 재소환되었고, 21세기 유럽 연합의 발전과 더불어 초국가적인 기억으로 전환된다. '나움부르크 장인－유럽 성당의 조각가와 건축가Der Naumburger Meister :

Bildhauer und Architekt im Europa der Kathedralen'라는 주제로 2011년에 독일에서 개최된 지역 박람회에서 명예 대회장으로 역할 했던 인물은 당시 프랑스의 대통령 니콜라스 사르코지Nicolas Sarkozy와 독일의 연방 수상 앙겔라 메르켈Angela Merkel이었다. 독일적인 민족과 통합을 상징했던 우타가 이렇게 독일-프랑스라는 국경을 초월한 초국가적 기억의 장소로 선택될 수 있었던 것은 민족 기억에서 배제되었던 나움부르크성당을 건축한 나움부르크 장인에 대한 조사와 연구가 본격화되었기 때문이다.

12인의 기증자상을 만든, 그렇게 해서 이들을 기억해내었던 이 장인은 작센Sachsen 출신으로 프랑스 북부의 누아용Noyon, 아미앵Amiens, 랭스Reims 등 여러 도시에서 활약했고, 이후 1230년경 독일 마인츠Mainz로 이동해 대성당의 제대 난간의 작품을 완성한 후 다시 나움부르크로 돌아와서 12인 기증자상을 제작한 것으로 알려진다. 이렇게 해서 랭스 대성당 서쪽 문 옆에 성모 마리아에게 수태고지하며 미소 짓는 천사의 조각상을 만든 예술가의 손에 의해 밝게 웃는 레글린디스의 얼굴이 입체적으로 환생할 수 있었다. '나움부르크 석공'이 우타 입상에 독일인의 혼을 불어넣었다고 칭송하면서 예술 작품의 국적을 강조했던 것과는 달리, 이제 우타와 레글린디스 입상은 프랑스·독일·폴란드라는 국가의 경계를 넘어서 초국가적 기억의 장소로 재현되는 새로운 기로에 서 있다.

나움부르크성당이 2018년에 유네스코 세계 유산으로 선정될 수 있었던 이유도 바로 트랜스내셔널 공간으로 거듭났기 때문이다. 이로써 더이상 민족과 국민국가의 상징이 아닌 유럽의 문화적 정체성과 공동 기억이 만들어질 수 있었다.

상이한 개별 집단의 기억을 무기 삼아 벌어지는 '기억의 전쟁'을 이제 종식해야 한다. 이를 위해 국가 간의 공통 역사와 문화 정체성을 확인하는, 국경을 초월한 초국가적 기억을 되살리는 작업이 요구된다. 초국가적 기억의 장소를 발굴하는 작업으로 국가주의적 기억의 공백을 채우고, 민족국가의 날카로운 모서리로만 이해되는 국경에서 진행되었던 얽힘의 역사를 복원할 수 있을 것이다.

국경의 다중적 정체성

이주와 이산, 결혼과 교류를 통해 한곳에 모인 이질적인 문화들이 상호 교류하고 뒤섞인 까닭에 국경에서 순수한 피와 문화는 더이상 존재하지 않게 된다. 독일-폴란드 국경을 접경으로 이해하는 초국가적 기억은 우타와 레글린디스가 살았던 곳이 다종족적 공간이었음을 드러냄으로써 전통적인 국경의 의미를 탈민족화한다.

민족문화의 순수성, 단일성, 차별성을 강조하는 기존의 국가적 기억 정책은 국경선을 놓고 벌였던 국가 간의 갈등을 대중의 애국심 고양을 위해 과장하고 왜곡하였으며, 복제 기술을 활용해 사이비 아우라를 만들어낸 '정치의 심미화'를 추구했던 문화정책과 언론은 이를 다시 증폭시켜왔다. 이 과정은 우타의 입상처럼 특정 목적에 봉사하는 기억의 장소를 조성해 부각시키고는 했다. 그러나 이제는 일국사적 의미 이상을 지니는 기억의 장소를 발견하는 초국가적 국경 연구가 선행되어야 하며, 이를 위해서 국경 연구와 기억 연구의 협업이 강조된다.

이를 위해서는 먼저 국경에 대한 상이한 기억과 해석들을 드러냄으로써 타자의 시각을 이해할 필요가 있다. 국경을 다중 정체성이 발현되는 초국가적 기억의 장소로 만드는 작업은 차이에 대한 인정과 소통, 상호 이해, 흑백논리의 지양이 그 목적이다. 따라서 이는 단순히 인위적인 기억작업을 통해 지역적 기억을 초국가적 의미로 확장하는 것만이 아니라, 단절되었던 국가적 기억을 비교해 서로를 이해하고, 공통의 기억은 물론 다양성 그 자체를 공유하는 새로운 구도를 만드는 작업이다. 쌍방향적 기억의 복원은 민족적 자부심만을 강조하지 않고, 자신의 폭력적 역사를 반성함으로써 민족적 기억 속에 폭력으로 얽힌 어두운 역사를 수용하게 한다. 상대방의 감정을 헤아리는 이러한 초국가적 기억을 되살릴 때 민족국가의 배타적인 양자택일의 논리는 양자병합의 논리로 대체

될 수 있다.

국경에 대한 초국가적 기억 연구는 국경에 스며들었던 일상적 삶의 궤적을 추적할 수 있다. 이는 근대 국가의 정치·사회·경제 엘리트 집단이 기획하고 설정했던 '민족 국가의 컨테이너'인 국경을 넘나들던 초국가적 요소와 연계망을 조사하고 국가적 범주 밖에서 생성된 기억을 수집해 재구성함으로써 역사를 위와 아래로부터 동시에 재조망하는 작업이다. 일국사적 집단기억을 넘어선 초국가적 기억 연구의 수행은 국가가 기념일 혹은 기념행사, 묘역·기념비·박물관·기념관 등의 다양한 기억의 장소를 통해 강화한 국가 주도적 지배 기억의 공백을 메울 수 있다. 동시에, 국가의 '기억 정치'가 지배 기억을 재생산하는 공간에서 의도적으로 배제하고 망각했던 대항 기억도 복원할 수 있을 것이다.

2부

중세 경계의 접경성

4. 접경사 연구

국경 지대, 접경 공간

최근 글로벌화의 진전에 따라 상품·자본·기술·노동뿐 아니라 다양한 문화와 가치들이 국경은 물론 일체의 경계를 넘어 무한 이동하고 있다. 이러한 분위기에도 불구하고 국경의 의미는 단순히 두 중심 사이의 변두리 내지 근대 국민국가의 날카로운 모서리로 제한되는 경향이 강했고, 연구의 내용 또한 과거 담론의 외연을 확대하는 데 그치는 경우가 많았다. 기존의 국경 연구는 침략과 저항, 문명과 야만, 가해자와 피해자라는 해묵은 담론을 반복적으로 재생산했는데, 이런 고정된 해석의 저변에는 '우리'와 '타자'의 경계에 장벽을 구축해온 근대 민족주의의 이데올로기가 깔려있다. 즉 민족주의의 렌즈로 바라보는 국경이란 곧 반목의 경계선이

요, 갈등의 골짜기였다.

덧붙여 대다수의 연구자들이 근대 이후의 상황에 주목하다 보니 국경의 전근대는 자연히 공백과 다름없는 상태로 남고 말았다. 그나마 접경 공간이 경험한 역사적 실체는 국가간 기억 전쟁의 포화 속에 갇혀 버렸다. 하지만 전근대의 경계는 다종다양한 문화와 가치가 경쟁하고 공명하는 장場, 즉 '접경 공간'이었다. 이곳은 다양한 체제와 권력의 틈바구니에서 조우·저항·교섭·변용이 뒤섞인 역동적 장소이기도 하다. 최근의 국경 연구는 다양한 이질적인 문명 간의 조우와 충돌, 동화와 융합, 새로운 종족 정체성의 형성 등에 주목하면서 과거 단절과 대립의 장소였던 국경 지대를 변화와 역동의 '접경 공간'이라는 새로운 관점에서 이해하기 시작했다.

예컨대 독일-폴란드-체코가 국경을 접하는 슐레지엔 지역의 정체성을 규정한 것은 국가나 민족이 아니라 '탄갱, 선술집, 교회, 잠자리'였다는 지적은, 특정 지역 구성원의 정체성이 엄격하게 민족적으로만 규정될 수 없음을 알려준다. 그런데 이들이 나치 독일의 '독일 영토로의 복귀', 제2차 세계대전 이후 폴란드의 '재폴란드화' 정책에 의해 강제적으로 특정 민족의 일원이 되면서, 다민족적이고 다문화적이었던 혼종적 풍경도 함께 사라지게 된다. 이 지역의 역사연구가 지역 정체성과 민족 정체성을 동일시하려는 민족사의 프리즘만으로 고찰되었기 때문이다.

게르마니아 슬라비카

'중세 독일의 동유럽 이주'는 오랫동안 학계의 주목을 받지 못했으나, 19세기에 와서야 '발견되고', 20세기에 그 내용이 '확산되었다'는 사실은 자못 흥미롭다. 중세 연대기 작가들조차도 십자군 원정과 달리 동유럽 이주에 대해 별다른 주목을 하지 않았기 때문이다. 그래서 비퍼만W. Wippermann의 지적과 같이 19세기에 독일과 폴란드 민족 갈등이 없었다면, 아마도 이 주제는 역사 연구의 영역으로 영원히 확장되지 않았을지도 모른다.

'동유럽의 게르만화'는 20세기 중후반에 진행된 연구에서 사료적 근거 부족이 지적되었고, 그나마 수집된 사료들도 민족주의 열풍 속에서 "독일과 슬라브의 국경 지대에서 민족 감정의 각성"을 위해 의도적으로 수집되었음이 밝혀졌다. 이는 역사가 과거를 정당화하는 '정치적 무기'였음을 자각하고, 자국사 중심의 칸막이 속에 갇혀있는 분절된 역사 인식을 극복하여 역사를 신화와 이데올로기로부터 해방하려는 노력의 결과였다.

오데르-나이세 국경선의 승인을 거부했던 서독의 아데나우어 정권1949~1963이 끝나고 양국의 국경을 인정하는 바르샤바조약1970년으로 폴란드와 독일서독의 관계는 정상화되었다. 동서 화해의 이러한 분위기 속에서 서독 학계에서는 특정 지역의 사회적, 정치적 변화를 일국사의 경계를 넘어 초국가적 차원에서 해석하는 작업이 본격화되면서 자국사와 국경의 경계를 넘어 독일과 폴란드 사이의 연결고리를 찾으려 하였다.

1976년 베를린 자유대학교Freie Universität Berlin에서 역사학자 프리체Wolfgang H. Fritze, 1916~1991 교수를 중심으로 학제간 연구단Interdisziplinäre Arbeitsgruppe, IAG이 구성되고 역사학, 고고학, 성, 도시, 마을, 강 등의 이름과 그 기원을 연구하는 명칭 과학을 전공한 20여 명의 연구자들이 1991년까지 독일-폴란드 접경 지대를 연구하였다. 이 지역은 강제 추방 등으로 양국 관계의 정상화에 가장 큰 부담이 되었고 그래서 금기시되었던 장소로, 민족적 감정이 첨예하게 대립하던 곳이었다. 프리체의 연구팀에 의해서 엘베와 잘레강 동쪽의 중세에 개간된 지역, 즉 슬라브화된 게르만 지역이라는 게르마니아 슬라비카Germania Slavica라는 용어가 본격적으로 사용되기 시작했다. 프리체의 연구단 활동은 빌리 브란트의 신동방정책과 관련이 있으며, 이러한 시대적 분위기가 연구단의 결성과 정부 차원의 지원을 가능하게 하였다.

프리체는 국경을 둘러싼 역사전쟁의 발단이 된 고전적 국경 이론인 원시 게르만론의 허구성을 지적하면서 이제는 슬라브인들에 대한 독일의 오해와 편견을 극복할 때가 되었으며, "슬라브주의에 대한 독일주의의 편협한 우월성"에 대한 비판적인 검토를 제안하였다. 슬라브인들이 '우리들의 선조'임을 과감하게 천명했던 그는 독일 역사에서 슬라브인의 역할에 주목하기 시작했다. 제2차 세계대전 당시 동유럽에서 자행된 나치 독일의 만행을 체험했던 그는 자국사 서술에서 독일-슬라브의 역사적 관계를 재해석하고 학문적으로 재정립하려는 시도를 하였다.

이들의 연구는 독일 통일 이후인 1995년부터 라이프치히대학 소속의 '동유럽 역사 문화 연구소Geisteswissenschaftliches Zentrum Geschichte und Kultur Ostmitteleuropas, GWZO'에서 지속되었다. 동유럽 지역 연구를 목적으로 설립된 이 연구 기관에는 50여 명의 연구원들이 있으며, 역사학·고고학·명칭 과학·문학·예술사 전공자들이 근무 중이다. GWZO는 독일연방교육연구부 등의 지원을 받아 체코, 폴란드 등 동유럽 국가의 연구 기관과 공동연구를 추진하면서, 연구서와 학술지 발간 외에도 국내외에서 다양한 전시회를 개최했다. 게르마니아 슬라비카 연구 전문가인 륍케Christian Lübke 교수가 원장으로 재직한 바 있다. 이들의 연구 결과, 독일 동부 국경 지방은 독일 문화와 슬라브 문화가 조우와 충돌, 잡거와 혼종, 융합과 공존하는 접경 지역으로서 일국사의 관점을 넘어서 초국가적 측면에서 새롭게 주목받기 시작했다.

이러한 수십 년의 지속적인 연구로 중세 전성기 서유럽의 '동유럽 이주Ostsiedlung'는 '식민지화'를 통한 야만주의의 극복 과정이라기보다는, 독일과 슬라브 두 문화가 조우, 잡거, 혼인 등으로 경제·제도·문화의 영역에서 삼투현상이 발생했음이 밝혀지게 되었다. 특히, 늦게 도래한 독일인에게 영향을 준 슬라브의 언어, 법, 관습, 정치 제도, 경제 조직의 중요성이 새롭게 인정되었다. 독일 이주민에 의한 일방적인 문화전파의 서사구조가 해체되고 문화 융합 중심으로 재서술되면서, 국경은 이질적인 다양한 문화가 공존하고 타협하는 '혼종의 공간'이자 '얽힌 역사histoire croisée, entangled history'가 전개되는 곳으로 이해되기 시작했다.

물론 게르마니아 슬라비카 연구단은 조우 과정에서 발생하는 갈등과 충돌의 양상을 간과하지 않았고, 이와 관련된 중세 기록에 대한 정밀한 분석도 진행하였다. 보사우Bosau의 사제 헬몰트Helmold가 작성한 『슬라브족의 연대기*Cronica Slavorum*』1170년경에 등장하는 전쟁 등의 긴박한 상황으로 팽배해진 타자에 대한 적개심 내지는 상호 불신의 사례가 새롭게 조망되었다. 하지만 이보다 더욱 중요한 사실은 이러한 갈등이 종교·사회·경제·정치적 요인에 의한 것이지, 독일과 폴란드의 민족 감정과는 무관하다는 점이다.

또한 랑케의 주장이나 그를 따랐던 20세기의 역사가들의 생각과는 달리, 슬라브 출신의 귀족들이 발트해 연안의 포메른, 메클렌부르크 지역을 계속해서 통치할 수 있었고, 이들은 마자르족에 대항했던 955년의 레히펠트Lechfeld 전투에서 '독일 군대'와 공조하기도 하였다. 1960년대 독일-슬라브 관계를 새롭게 조망함으로써

그림 5_ 그리스도교로 개종하고 세례를 받는 메클렌부르크 대공 프리비슬라브. 그림은 1855년의 작품으로, 슬라브족 출신의 그의 가문은 1918년까지 독일에 위치한 메멕클렌부르크를 통치했다.(출처: wikipedia)

이 분야의 연구에서 획기적인 전기를 마련했던 발터 슐레징어조차도 옹호했던 슬라브 말살론, 즉 독일 측의 '조직적 말살과 제거'에 의해서 '근절'과 '말살'로 희생된 것으로 알려진 슬라브 상층부는 여전히 존속할 수 있었고, 이후 독일 국가 형성의 기틀을 마련했다. 그 대표적인 사례가 하인리히 사자공과의 봉건적 결속을 통해서 가문의 연속성을 보장받고, 이후 그 후손들이 메클렌부르크 대공으로 성장할 수 있었던 프리비슬라브Pribislaw 가문이다. 중세에 조우와 충돌, 잡거와 혼종을 경험했던 게르마니아 슬라비카 접경 지역 연구는 랑케식의 자문화 중심적 텍스트 해석에 반기를 들고 초국가적 접근을 시도하였다. 그 결과 중세 독일-폴란드 경계 지대는 게르만적 순혈성으로 채색된 독일 단일민족의 영토가 아니었음이 밝혀졌다.

새로운 국경 담론

기존 사료의 새로운 접근과 재해석, 자료의 발굴은 이러한 시각 전환을 가능하게 하였다. 10세기 비두킨드Widukind von Corvey의 기록, 즉 동부 변경백 게로Gero가 군사적 저항을 하던 슬라브 우두머리 30명을 학살한 사건은 후대 학계에서 슬라브 '인종 청소'의 대표적인 사례로 기억되었다. 하지만 베테니키Vethenici로 불리던 슬라브인들이 엘베와 잘레강 인근의 가장 중요한 거점인 마이센Meißen 지역에서 독일인들을 위해 방어 임무를 수행하고 이후 독일 측의 군사조직에 흡수되었던 사실, 그리고 1015년 폴란드의 마이센 침략 당시에 이들이 가족과 함께 독일 지역으로 도피할 수 있었다는 티트마르Thietmar von Merseburg의 기록은 슬라브 귀족 절멸론을 부정한다.

잘레강 동부의 마이센 지역을 통치하던 슬라브의 지배 권력이 10세기 후반 이후 서서히 그 힘을 잃었을지라도, 슬라브 귀족의 이름이 토지 양도와 같은 독일 측 사료에 간헐적이지만 지속적으로 등장하였다는 사실은 슬라브 귀족이 새로운 지배 집단과 공조했음을 보여준다. 일로브Ilow성에서 슬라브 군인들이 독일인들과 함께 군사적 임무를 공동으로 수행했다는 기록, 10세기 전반기에 동프랑크 왕국에 군사적으로 복속되었던 오버라우지츠Oberlausitz의 슬라브인들은 조세 납부를 통해서 정치적 독립성을 보장받을 수 있었다는 티트마르의 기록 모두 슬라브 절멸론을 부정한다. 슬라브인들이 납부했던 꿀, 곡물, 가축, 의복 등 다양한 공납품은 정치적 독립성 인정에 대한 반대급부로 정복 세력에게도 상당한 경제적 이익이 되었을 것이다.

레히펠트 전투에 '독일군'과 함께 참전했고 이후 '수장senior'이라는 호칭을 하사받았던 쿠카비쿠스Cuchavicus 역시 말살의 반증 사례이다. 황제 오토 2세가 잘레강 동부의 비덴도르프Biedendorf 지역을 친히 하사했던 슬라브의 장군 리우보Liuvo는 오토 왕가로부터 고위관직을 하사받았다. 이러한 독일과 슬라브 상층부의 군사·정치적 협력 관계는 종교적 교류를 통해서 더욱 강화되었다. 대다수의 슬라브인들이 새로운 종교인 그리스도교에 매력을 느끼지 못했지만, 상층부 귀족들은 세례를 기회로 서유럽 정치 세력과의 정치적 연대와 경제적 교류를 원했다. 헬몰트의 기록에 의하면 1066년에 사망한 아보드리테족Abodrite의 통치자 곳샬크Gottschalk는 독일인 사제의 설교를 동료 슬라브인들을 위해서 슬라브어로 통역하는 일을 마다하지 않았고, 그의 아들은 자신의 주거지 내에 독일 선교사들이 교회를 건립하는 것을 흔쾌히 허락했다. 12세기에 프리비슬라브와 그의 신하들은 참석했던 미사가 끝나자 사제를 자신의 주거지로 초대했다고 한다. 그리스도교로 개종한 슬라브 통치자들의 주거지에 독일 상인들이 집중적으로 거주했다는 사실 역시 개종과 경제적 번영의 연관성을 대변한다.

개종한 슬라브 통치자들은 게르마니아 슬라비카 지역에서 선교 활동이 안전하게 진행될 수 있도록 편의를 제공했고, 특히 개간 초기에는 친독일적 성향의 슬라브 귀족 집단에 대한 교회의 의존도가 높았는데, 이는 개간으로 가장 많은 이득을 보았던 집단이 바로 세속 귀족 집단이었기 때문이다. 이들의 입장에서는 외부로부터 가급적 많은 이주민을 받아들여, 최대한의 수입을 얻고자 했을 것이다. 개종은 이러한 현실적 방편의 하나였다. 세계 3대 유일신교인 유대교와 그리스도교, 이슬람교가 조우하던 접경 지역인 이베리아 반도보다 슬라브인들이 거주했던 동유럽 지역에서 상대적으로 종교적 갈등이 적었던 이유는 다신론적인 슬라브의 전통 종교가 그리스도교의 신을 받아들이는 데 큰 어려움이 없었기 때문이다.

사망자와 함께 매장된 풍부한 무덤 부장품에 대한 고고학적 연구도 독일 지배하에서 슬라브 상층부가 존속했음을 대변한다. 브란덴부르크 성에 거주하던 슬라브 귀족 가문은 오토 왕가가 이 지역을 차지했던 10세기에도 계속해서 지배권을 행사할 수 있었고, 11, 12세기에는 독일 왕실의 재정적 후원을 받았던 슬라브 출신의 기사milites, fideles가 등장하면서 독일 귀족들과 함께 공동 통치를 하였다. 슬라브의 정치 엘리트들이 새로운 지배 집단과 쉽게 공조할 수 있었던 이유 중의 하나는 이들이 '다종족적' 공간 속에서 활동했기 때문이다. 생존을 위한 종족간 이합집산이 일반적인 상황에서 다른 슬라브 집단으로부터 위협을 받던 슬라브인들은 독일 기사들과의 '접촉을 통해서' 군사적 도움을 받기도 하였다. 그 결과 슬라브 귀족의 '지역에 대한 자율적 통치권'을 인정하는 정치·군사적 봉건 관계가 형성되었다.

이들은 새로이 도래한 독일인 지배 집단과 슬라브 원주민 사이의 중개 역할을 수행하면서 조세 징수 등의 임무를 부여받았다. 일부의 경우이지만 독일 귀족 가문과 결혼을 통해 자신의 특권적 신분을 유지할 수도 있었다. 위에서 언급된 슬라브 귀족 에르빈은 자신의 딸을 동프랑크 왕국의 왕으로 등극하게 될 하인리히 1세와 정략결혼시켰고, '고귀한 사람nobilis vir'으로 불리던 슬라브 귀족 에르프Erp는 작센의 백작 가문과 혼인을 통해서 아들을 얻는데, 그는 훗날 마그데부르크의 대주교가 된다. 결혼과 경작지 개간, 토지 거래 등으로 축적된 부는 에르프를 잘레강 유역에서 가장 막강한 인물로 만들었다. 이처럼 문헌 사료와 고고학적 조사 성과를 면밀하게 비교 분석한 게르마니아 슬라비카 연구는 슬라브 지배 계층의 연속성을 입증하면서 경계 지대에서 슬라브 역사의 연속성을 재구성할 수 있었다.

접경의 일상

서유럽의 여러 집단들이 게르마니아 슬라비카 지역으로 이주하였으나 이 지역에서는 게르만어와 슬라브어 사용이 지배적이었으며, 두 언어가 동시에 사용되면서 이중 언어 사용bilingualism이 보편화되었다. 앞에서 언급한 슬라브 귀족 곳샬크는 어린 시절을 볼모로 독일에서 보냈기 때문에 양측의 언어 모두를 자유롭게 사용했고, 슬라브어에 익숙하지 않은 독일 선교사들을 위해 통역 활동을 하다가 순교한다. 곳샬크와 다른 슬라브 귀족들의 사례는 이중 언어 구사자가 월경자로서 양측을 넘나들며 활동했음을 보여준다.

12세기부터 슬라브 지배층 내부에서는 독일어를 이용한 의사소통이 일반화되었으나, 일부 독일 귀족들도 슬라브어 사용에 불편이 없었다. 9세기에 잘레강 인근을 통치하던 변경백작의 슬라브어 실력은 접경 지역에서 일찍부터 이중 언어 사용이 가능했음을 시사한다. 물론 언어적 동화 과정도 수반되어서 많은 지역에서 슬라브인들이 독일어를 수용하기도 했으며, 상부 슐레지엔과 동부 포메른으로 들어온 독일인들은 슬라브어를 사용하였다. 반면에 일반 슬라브인들은 독일어를 자유자재로 구사하지 못했기 때문에 통역사를 필요로 했고, 그래서 독일 귀족들이 하층 슬라브 전사들과 대화를 할 경우 통역사가 있어야만 했다.

접경 지역의 거주자들은 접경 공간을 정합整合하는 실용적인 노선을 걸었고, 종교와 언어의 동화 역시 실용적 이유가 더 많이 작용했다. 때로는 강요된 원치 않는 공존이었지만, 편견과 배타적 감정은 현실과의 타협으로 풀어야 했다. 현상 유지를 위해 실용적인 노선을 추구했던 접경 지역의 일상은 단절보다 교류가 보편적이고, 그곳은 분절된 지역이 아니라 조우와 소통의 공간이었다.

게르마니아 슬라비카의 또 다른 탁월한 연구 성과는 독일-슬라브 접경 지역의 여러 도시와 농촌을 조사해서 그 일상적 관계성을 복원하였다는 점이다. 정치, 종교, 경제 엘리트와 같은 상층부가 아닌 사회의 전반적 관계, 토지 개간 사업에 기여한 평범한 슬라브인의 업적과 이들의 사회 경제적·법적 지위가 새로운 연구 대상이 되었다는 사실은 연구 방법의 독창성을 잘 보여준다. 폭넓은 횡적 연구로 인해서 "일상생활 속에서 광범위하게 진행된 직접적인 조우의 영역"이 드러났다. 비록 사료 부족의 문제가 제기될 수 있지만, 기존 사료의 면밀한 재검토와 고고학적 조사를 통해서 토지 개간, 도시 건설에서 슬라브인의 역할에 대한 새로운 결과를 도출해 내었다. 종족적 차이가 아닌 지형적 조건이 토지 개간 참여에 결정적 요인이었다는 사실이다. 자연환경 앞에서 게르만과 슬라브의 종족적 차이는 생존 문제보다 더 중요할 수 없었기에 협력과 공조를 가능하게 했다. 또한, 세속 귀족, 성직자, 도시민과 같이 특권 계층의 상층부의 경우 종족적 갈등이 유발되곤 했으나, 평범한 일상적 삶에서는 이러한 갈등이 오히려 예외적이었다는 것이다.

교조주의적 성직자들은 전통 종교를 고수하던 이교도와 그리스도교인의 공존을 탐탁지 않게 여겼기 때문에 잡거와 혼종의 일상은 기록으로 남기 어려웠다. 따라서 중세 접경 공간이 경험한 공존의 다양한 모습을 문헌 사료를 통해 복원하는 것은 쉽지 않다. 일부 성직자들은 이 문제에 있어서 침묵과 묵인의 방법을 택하였다. 이들은 세속 군주의 관용정책에 미온적인 태도를 취하면서도 이를 묵인하고 침묵했다. 그러나 접경 지역의 평온한 혼종적 삶을 기록하지 않은 중세 연대기 작가와 마찬가지로, "사료로 하여금 말하게 하라"는 역사주의 방법론에 친숙한 후대의 역사가들 역시 사료가 침묵하고 있는 공존과 융합의 삶에 관심을 기울이지 않았다.

게르마니아 슬라비카 연구단은 명칭 과학에 의존해서 독일과 슬라브식 지명이 혼합된 지명을 찾아냈고, 그로 인해서 토지 개간과 도시 건설이 새로 유입된 독일인들만이 아니라 슬라브 노동력과의 협업을 통해 진행되었다는 사실을 밝혔다.

잡거와 혼종은 멤레벤Memleben 수도원의 개간 사업의 사례에서도 드러난다. 10세기 후반 멤레벤 수도원은 엘베강 중부에서 개간 사업을 진행했는데, 그 과정에서 마을이 형성되고, 그중 여섯 마을은 독일어와 슬라브어가 섞인 혼종 지명을 사용했다.

이러한 협업은 지금까지 독일 학계에서 외면되거나 자문화 중심적으로 이해되었으나, 게르만인과 슬라브인의 공존과 협력은 도시 건설에서도 드러난다. 11세기의 연대기 작가 아담Adam von Bremen은 대도시였던 볼린Wolin에는 슬라브인과 작센인들이 다른 종족들과 함께 거주했고 여러 지역에서 들어온 물자로 넘쳤다고 서술한다. 이는 독일인의 동유럽 이주 전부터 슬라브 지역에는 도시가 건설되었음을 말하고, 이는 기존의 '황무지에서', '원시적인 슬라브 마을과 장터', '황무지 위에 설립된 도시'를 강조했던 슬라브 낙후론과 식민화론을 부정하는 진화론을 제시한다. 슬라브인들이 건설한 도시가 없었다면 독일인들의 성공적인 도시 생활도 불가능했을 것이다. 독일인들의 도래로 접경 지역에서 정복과 피정복의 대립항이 아니라 상호 교류와 의존이 심화되었고, 여기서 종족은 부수적인 요인으로 양측 주민들의 간헐적인 대립 상황은 촉발되기도 했으나 지속적인 갈등을 찾기는 어려웠다.

탈국가적 다중적 경계 사유

정복과 피정복의 이항 대립의 논리를 벗어난 초국가적 접경 지역 연구가 진행된 결과, 국경의 의미가 새롭게 정립될 수 있었다. 오늘날 독일과 폴란드의 국경 지대인 게르마니아 슬라비카 지역을 둘러싼 기존의 국경 연구가 국경 팽창의 필요성과 당위성, 획득한 지역에 대한 영토 주권을 뒷받침하는 역사적 명분 찾기에 급급했다면, 1970년대 이후부터는 국경이 갖는 상호 교류성의 역사성이 연구 대상이 되었다.

국경을 고정적이고 방어적인 근대적 개념으로 파악하는 것이 아니라 유동적 경계로서 국경을 이해하기 시작한 것이다. 방위선이자 이익선이라는 국경 개념, 팽창은 곧 생존권 확장이라는 고정관념은 비판되었다. 게르마니아 슬라비카 연구는 "전근대의 국경선은 그 경계 안팎의 내용물들이 언제든지 한쪽에서 다른 쪽으로 옮겨가는 삼투 현상이 일어나던 곳"으로 파악함으로써, 국경의 가변적 역사성에 주목하고 국가 중심적인 고정된 국경 개념의 한계를 지적하였다. 국경과 국경 지대 대한 이러한 재사유는 국경의 이편과 저편이라는 이분법적 사고를 해체하고 국경을 역동적이고 주체적인 공간으로 재정의한다.

기존 국경 연구의 논지에 따르면, 국경은 문명과 야만의 경계선으로 문명의 승리를 위해서 국경은 팽창해야만 하고, 야만의 시대로 회귀하지 않기 위해서 한번 확립된 국경선은 지켜져야만 했다. 즉 국경은 문명의 도래를 기다리는 '처녀지'로 이곳에 정착한 독일인들은 문명의 전파자라는 것이다. 슬라브 문화를 야만으로 폄훼하고 서유럽 그리스도교의 문명과 대비시키는 이분법적 서술 구도는 국경선을 문명 대 야만의 전투적 공간으로 만들었다.

베를린대학교에서 시작된 게르마니아 슬라비카 연구는 이러한 민족과 국가 중심의 국경 개념을 재고하면서, 국경은 '문명과 야만의 도가니'라는 길항적 구도가 아닌 다양한 종족, 종교, 세력의 조우, 경쟁, 갈등으로 변화하는 접경 지대라는 대안적 해석을 모색한다. 기존의 해석은 독일인들의 이주가 있기 오래전부터 살고 있던 슬라브인들의 존재를 무시하는 '무주지 선점론'을 내세우면서 이 지역의 이산과 이주로 인한 다종족적 혼종성의 과거를 부정했다. 이에 맞서서 국경 경관론적 방법을 시도한 게르마니아 슬라비카 연구는 기존의 민족주의적인 사고와 편견을 해체하고 국경 연구에서 정치 이데올로기적 시선을 제거하고자 했다.

이처럼 게르마니아 슬라비카 연구단은 다양한 인종과 종교가 조우하고 충돌하면서 공생하는 공간으로서의 독일 동부 지대를 강조한다. 근대 국가의 민족주의 신화가 만들어낸 허위성을 파헤치고 접경 지대의 상호 의존적 관계성을 복원함으로써, 뒤늦게 이 지역으로 들어온 독일인과 슬라브 원주민들 사이의 일상적 교류가 드러났다. 접경 지대에 들어온 신참자新參者인 독일인은 인구학적, 정치적 이유로 다수 피지배자의 관습과 제도를 존속시켰으며, 수적 약세로 인해서 무리한 사회 정치적 재편을 시도하지 않았다. 대신에 이들은 인종-종교적 중재자를 대리인으로 내세워 과도기를 극복하였다. 이 과정에서 문화 수용acculturation이 이루어지고 문화 수용에는 어느 정도의 문화적 동질화나 수렴convergence의 결과가 뒤따르게 된다. 이처럼 독일 동부 국경 지대의 새로운 역사쓰기는 엘베강과 오데르강 사이의 지역을 다양한 종족과 문화가 가로지르는 접경 공간으로 바라봄으로써 국경에 대한 새로운 이론적 패러다임을 제시한다.

전근대의 정치적 경계란 오늘날 같은 '선'으로 이루어진 분단선이 아니라 다양한 이질적 문화가 접촉하던 혼종적 공간으로, 가변적인 중세의 접경 공간을 근대의 부동적인 국경 개념으로 이해하려는 시도 자체가 비역사적이다. 독일, 폴란드, 체코 왕국의 통치자들은 토착 슬라브인들과 타협해서 '우호적인 세력권'을 조성하고 이러한 협력 관계를 이용해 각자의 외경을 수호하고자 했다.

게르마니아 슬라비카 접경공간에 거주했던 독일인들과 슬라브인들은 다중적 정체성에서 혼란을 느끼기보다는 독일인 혹은 폴란드인이 아닌 슐레지엔 혹은 폼메른 지역의 사람으로 인식하기 시작했다.

종족 형성론

물론 게르마니아 슬라비카 연구는 접경 공간에서 공존과 화합만을 강조하지 않고, 경계의 팽창으로 벌어지는 정치, 경제, 종족적 갈등과 변화를 동시에 고려하였다. 이질적인 문명 간의 접촉 과정에서 종족 이산과 문화 이동, 갈등과 충돌, 낯선 것에 대한 소원함뿐 아니라 이방인에 대한 편견과 증오라는 역사적 경험을 부정하지 않았다. 사료 부족의 문제가 지적될 수 있으나, 이는 중세 사료를 독점적으로 작성한 성직자들이 이교도와의 공존을 탐탁하게 여기지 않았고 이를 기록하지 않았기 때문이다. 반면에 지리학, 고고학, 지명학, 주거 형태 연구는 이러한 사료의 공백을 채워준다. 발굴 유물들은 근대 민족주의의 그림자를 걷어내고 흥미롭지만 당혹스러운 사실들을 드러낸다. 여타의 접경 지대와 마찬가지로 게르마니아 슬라비카에서도 일방적인 침략과 약탈은 일시적인 현상이었을 뿐이라는 것이다. 본래 다양한 슬라브 종족들이 거주하던 땅으로 이주한 독일 출신의 '손님들'은 현지인들과 협력해 도시를 건설하고, 점차 잡거와 혼종의 독일-슬라브 접경을 형성하였다. 요컨대 경계는 충돌의 공간이라기보다는 창조적 장소에 가까웠다.

여러 세력이 조우하고 충돌했던 접경은 권력과 물질적 이익을 우선시하는 현실 정치에 대한 자각을 갖게 하였다. 당시의 과도기적 상황을 감안하면, 게르마니아 슬라비카의 접경 공간에서 형성된 복합적이고 다중적인 정체성은 어쩌면 불가피한 현상이었을지도 모른다. 원주민과 신참자 모두 서로 필요한 존재임을 인정하면서, 광범위한 조우와 공존이 점차 일상이 되자 이곳의 주민들은 현실과의 타협에 익숙해졌다.

그들이 마주한 현실이 복잡다단했기 때문에 접경 공간은 모순의 장소이기도 하였다. 그곳은 이념적 증오가 판을 치는 공간인 동시에 인간의 이성과 합리성을 실험하는 공간이었다. 배재와 관용, 전쟁과 상호 의존, 편견과 실용주의가 혼재한 장소이자, 양자택일의 논리 대신 양자병합의 논리가 제시되는 뒤엉킨 역사의 공간이기도 했다. 이러한 아슬아슬하면서도 기묘한 중세적 공존은 단종론, 균질론이나 통합론 등으로 규정되는 근대 민족국가nation-state가 대두될 때까지 면면히 이어졌다.

독일인과 슬라브인의 결합은 메클렌부르크, 포메른, 브란덴부르크, 오버작센, 슐레지엔 등에서 '새로운 종족'이 등장했다는 '종족 형성론ethnogenesis'으로 이어졌다. 새로운 종족이 탄생하고 독자적인 지역 문화가 형성된 독일 동부 지역은 19세기 독일 통일을 주도한 프로이센이 유럽의 강국으로 부상하는 발판을 마련한 장소이기도 하다. 비스마르크에서 제3제국으로 이어지는 독일 근현대사의 중심이 '슬라브-게르만 혼혈성'이 뿌리내린 접경 공간으로부터 비롯된 것을 보면 역사에 영원한 중심과 주변은 없는 법이다. 게르마니아 슬라비카 연구는 국가는 급작스럽게 형성된 조직이 아니라 지역적 관계성을 차곡차곡 정교하게 짜깁기한 결과물임을 드러낸다. 이미 힌체Otto Hintze도 1915년의 저서에서 프로이센 국가 건설의 토대가 된 슬라브-게르만 혼혈성은 '중요한 정치적 함의'를 지니며 이는 '프로이센 인종'을 형성하고 국가 건설과 정치·군사적 규율을 확립하는 데 기여했다고 서술한 바 있다.

"나라의 백성은 바이에른인, 슬라브인 구분 없이 상행위를 하는 데" 어떠한 차별도 받지 않는다는 10세기 초반의 기록은 이미 이 시기에 종족간의 신분 차별 없는 잡거와 혼효混淆 현상이 일상적이었음을 암시한다. 중세 초기의 성직자들조차도 독일 동부 지역에 거주하던 슬라브인들을 다른 종족들과 동등하게 바라보았고, 이들 사이의 이주, 결혼에 의한 '혼종과 융합'을 묵인하였다. 독일 동부 국경에 대한 새로운 공간 담론은 중세 독일의 종족 정체성과 국가 형성 과정에 기여한 슬라브 종족의 역할에 대한 재해석을 가능하게 해 주었다.

5. 경계의 일상

경계의 접경성

19세기와 20세기의 전통적인 국경 연구에 의하면, 국경은 보호, 단절, 통제, 차단의 기능을 갖는 배타적 선의 개념이었다. 그래서 나움부르크의 우타와 레글린디스가 살았던 독일 동부 국경지대도 게르만의 고유 영토이자 문명의 보루이며 경계선으로 이해될 수밖에 없었다. 폄훼될 수 없는 존엄성과 항구성을 내재한 국경선의 상실은 야만에 대한 문명의 패배를 의미했기에 국경은 반드시 수호되어야만 하는 신성한 방어선이었다.

하지만 '독일 국경의 순수하고 고귀한 수호자'로 기억되던 우타가 생존할 당시 마이센 변경주의 환경은 그다지 '독일적'이지 못했다. 마이센 자체가 10세기 초반까지 슬라브인들이 거주하던 지역Sorbenland으로, 그녀의 손윗동서 레글린디스는 폴란드의 초대 왕으로 등극한 피아스트 가문의 용감공 볼레스와프 1세의 딸이었다는 사실에서 마이센 지역은 '독일'과 '폴란드'가 만나는 접경 지대였다. 양측이 자신의 정치·문화·종교적 정체성을 흥정하고 협상하던 사이 공간이기도 한 이곳은 다양한 문화가 만나는 물리적 공간이자 행위자들이 의도적으로 상호 작용하는 중간 지대이기도 했다.

레글린디스의 어머니이자 볼레스와프의 아내인 엠닐다Emnilda 혹은 이르민힐드Irminhild는 독일 영토에 복속된 엘베강과 오데르강 사이의 지역을 통치하던 슬라브인 아버지 도브로미르Dobromir의 딸이었다. 따라서 레글린디스는 정략결혼으로 맺어진 귀족 가문 사이에서 태어난 '접경인'이었다. 그녀의 아버지는 서쪽으로는 독일 작센 지역의 귀족 집단과 동쪽으로는 폴란드 제후와 혼인을 통해 인척 관계를 맺으면서 접경 지대의 경계를 횡단하며 삶을 살았던 인물이었다. 레글린디스와 엠닐다 혹은 이르민힐드라는 이름 역시 슬라브 가문에서도 독일식 이름과 슬라브식 이름이 병행되어 사용될 정도로 두 문화가 어울려 공존하였음을 의미한다. 중세의 독일과 슬라브 문화가 만났던 마이센은 문명과 야만이 충돌하는 단층선이 아닌 다양한 사고와 경험이 조우하는 혼종적인 접경 지대였던 것이다.

레글린디스의 아버지 볼레스와프 1세와 '독일인' 시아버지 Ekkehard I, 985~1002가 정치적 동반자로 언급되고 시삼촌 군젤린Gunzelin이 그녀 아버지의 '인척'으로 여러 차례 언급될 정도로 피아스트-에케하르트 가문은 오래전부터 인척 관계로 얽혀 있었다. 이처럼 상이한 정치 세력이 만나는 경계 지대는 자치적 통치권을 추구했던 다양한 토착 세력의 이합집산과 혼종적인 모습이 특징이다. 이는 우타와 레글린디스가 살았던 지역의 정치적 상황을 '독일' 혹은 '폴란드' 민족이라는 근대적인 이분법적 논리로 설명할 수 없음을 보여준다. 레글린디스는 사후에도 '독일' 교회를 후원한 기증자로 기억되었고, 경박한 여성이라는 20세기의 시선과는 달리 그녀는 나움부르크 교구의 토대를 다진 인물로 기록되었다. 15세기에도 그녀의 관대한 기부 행위가 칭송되었다.

군젤린과 볼레스와프는 정치적 이익을 위해서 기꺼이 공조하는 모습을 보이기도 하였는데, 1002년 독일의 왕위 교체와 우타의 시아버지 에케하르트 1세의 피살로 불확실해진 경계 지대의 정치적 상황 속에서도 양자의 협력 관계는 더욱 확연해졌다. 볼레스와프의 마이센 점령 과정에서 그를 적극 지원했던 인물이 군젤린과 그의 휘하에 있던 슬라브 출신의 군인들Vethenici이었기에 더욱 그렇다. 사망한 에케하르트 1세의 장남헤르만에게 유리했던 정치적 상황, 독일의 왕위 선출 과정에서 형에케하르트 1세과 신임 왕과의 대립 관계, 이 모든 조건은 볼레스와프만이 아니라 군젤린에게도 불리하게 돌아갔다. 결국, 그는 자신의 이익을 위해서 폴란드의 통치자와 결탁했고 슬라브 호족들의 도움을 받는 것도 꺼리지 않았다. 앞선 인물들의 관계에서 보이는 혈통적·정치적 뒤섞임은 우타가 생존하던 사이 공간in-between space의 정치적 상황을 '독일' 혹은 '폴란드'의 이분법적 논리로만 설명할 수 없음을 보여준다.

작은아버지에게 선수를 빼앗긴 헤르만은 마이센 변경백을 되찾기 위해서 볼레스와프의 도움을 절실하게 느꼈고 1002~1003년 겨울에 그의 딸 레글린디스와 결혼을 서두른다. 이처럼 이합집산과 혼종적인 모습이 특징인 '독일'과 '폴란드'의 접경 지대는 변경백 가문인 에케하르트 가문을 통해서 연결되며 이 과정에서 이 가문은 완충적인 역할을 수행하였다.

에케하르트 가문의 '양다리 외교'는 가문의 시조 격인 군터Gunther, 982년 사망의 행보에서도 이미 잘 드러난다. 그는 황제 오토 1세의 측근으로 여러 전투에서 혁혁한 공을 세웠고 베틴 가문, 빌룽 가문Billunger 등의 작센 귀족들과 인척 관계를 맺으면서 작센 지역에서 확고한 기반을 다졌다. 하지만 황실의 동방정책이 자신과 가문의 입지를 어렵게 만들자 그는 오토 2세에 대한 반란에 가담하기도 하였다.

우타의 남편 에케하르트 2세 또한 슬라브족 부디즈라우스브

그림 6_ **우타 입상**(출처: wikipedia)

그림 7_ **레글린디스 입상**(출처: wikipedia)

장군의 군사적 도움과 조언에 의존했을 만큼 게르만-슬라브 양 집단의 신뢰 관계는 우호적이었다. 하지만 에케하르트는 동시에 황제 하인리히 3세의 '최측근 인사'이기도 하였다. 마이센 지역에서 활동하던 상당수의 슬라브 지도자들이 황제의 신임과 봉토를 하사받았다는 사실은 이들이 독일 왕에게 충성하면서 정치·군사적인 봉사를 하였음을 뜻한다. 이미 동프랑크 왕국의 하인리히 1세가 잘레강 동부를 점령한 상황에서 슬라브 토착 귀족들은 신임 통치자의 대리인으로서 통치 업무를 연속적으로 수행해 갔다. 이는 당시 경계 지대에서 단순한 정복과 복속만이 아닌 혼융이 이루어졌다는 것을 보여준다. 1071년의 한 사료에 언급된 바에 의하면, 마이센 변경백의 22명 신하들milites 중에서 16명이 슬라브식 이름을 가졌다는 사실이 이를 반증한다.

왕 또한 넓은 점령지 관할을 위해서 토착 지배 세력과 긴밀한 협력 내지는 타협 외에 다른 대안적 방법을 찾기 어려웠을 것이다. 슬라브 귀족들도 새로운 변화에 친화적이었음이 분명하고, 마이센 지역의 경우 하위 귀족만이 아니라 상층부 토착 귀족들nobiles도 독일의 지배 세력에 적극 협조했음이 밝혀졌다. 이들은 결국 서쪽에서 유입된 '독일' 출신의 귀족들과 혼융되어 접경 지대의 새로운 지배 계층을 형성하게 된다.

슬라브 선교를 담당했던 마그데부르크 대주교 역시 경계에 위치한 차이츠Zeitz, 메르제부르크Merseburg, 마이센 지역의 선교를 위해서 차간Chagan과 같은 슬라브 귀족의 도움을 절실히 필요로 함과 동시에 협력의 대가로 보상을 약속했다. 974년에 메르제부르크의 주교는 슬라브 지도자인 네찬Nezan의 정치적 권리를 인정하면서 다른 세속 권력의 불법적인 간섭을 예방하는 불수불입권不輸不入權을 약속한 바 있다. 서기 1000년경 다수의 슬라브 귀족 여성들이 헌신적인 공헌의 대가로 마그데부르크와 메르제부르크 교구의 망자 명부에 이름을 올릴 수 있었다.

메르제부르크의 초대 주교 보소Boso와 같이 이 지역에는 슬라브어를 배운 성직자들이 전략적으로 부임되었다. 보소는 슬라브어 선교사 양성으로 유명했던 성 엠메람St. Emmeram 수도원 출신이었다. 황제 오토 1세도 독일어와 슬라브어를 이해할 줄 알았으며, 비잔티움의 여인과 결혼했던 오토 2세 역시 두 가지 언어에 능통했었다는 사실은 슬라브어lingua Slavica가 단순히 피정복민의 언어가 아니라 정치·군사·외교·교역의 중요한 언어였음을 시사한다. 메르제부르크, 차이츠/나움부르크, 마이센의 교구 학교에서는 슬라브어가 교습되었으며, 뤼네부르크Lüneburg에서처럼 독일과 슬라브 귀족 자제들이 함께 교육을 받았을 가능성이 높다. 혼인 등의 이유로 에케하르트 가문의 귀족들도 폴란드어를 이해하고 사용했을 가능성을 배제할 수 없을 것이다. 정치적으로 병합되기 시작한 게르만과 슬라브 두 집단은 종교적, 언어적으로 뒤섞이며 문화적인 혼종 양상을 보였으며, 이는 일상적인 영역에서 보다 구체적으로 드러났다.

일상의 잡거와 공존

메르제부르크의 주교이자 중세의 주요한 연대기 기록자로 평가받는 티트마르Thietmar의 기록에 의하면, 1002년 볼레스와프의 마이센 점령 과정에서 헤르만이 지키고 있던 마이센 성을 수호하는 임무를 오제르Ozer라는 슬라브인이 담당하고 있었다. 오제르는 폴란드어로 오조르Ozor이며, 그는 폴란드 지역 출신의 슬라브인 군인이었던 것으로 보인다. 슬라브인이 독일 경계의 요충지를 방어하고 있었다는 사실 못지않게 더 흥미로운 사실은, 오제르를 자신에게 넘기라는 볼레스와프의 요구에 대해 헤르만과 그의 일행들이 이를 거부했다는 사실이다. 오히려 오제르를 적군에 넘기기보다는 그와 운명을 같이 하겠다는 주장을 하였다. 이는 두 집단이 군사 업무를 공동으로 수행했을 뿐 아니라, '독일인'과 '슬라브인' 사이의 인종적 구분과 장벽이 그다지 높지 않았음을 보여주는 대표적인 사례라 할 수 있다.

마이센 지역은 정치·군사적으로 독일 왕국에 복속되었으나 언어적·인종적으로 여러 집단들이 잡거하던 접경 지대였다. 실제로 독일어를 사용했던 집단은 소수에 불과했고 대다수의 주민들은 슬라브인들이었다. 따라서 독일 지역에서 유입된 귀족과 교회 세력은 이곳에서 조상 대대로 살아왔던 슬라브 귀족들의 협력에 의존할 수밖에 없었다. 슬라브인들도 독일의 세력 팽창에 대해서 별다른 저항을 하지 않았고, 이 지역의 낮은 인구밀도 역시 독일 왕국의 통치권 확장에 대항한 대규모 저항이나 산발적인 게릴라전을 전개하지 않았던 원인으로 알려진다. 특히 카롤링거 시대부터 지속되어 왔던 교역 활동은 상호 간 신뢰를 높였고 이해, 협력, 관용을 가능하게 하였다. 이러한 상황에서 양측의 귀족들은 서로의 언어와 문화를 거부감 없이 습득할 수 있었다.

언어학적 배경을 바탕으로 10세기에서 13세기 잘레와 엘베강에 이르는 지역의 슬라브 귀족들의 언어와 명칭에 대해 연구했던 헹스트Karlheinz Hengst의 조사에 의하면 잘레와 엘베강 사이의 지역, 즉 우타가 살았던 곳에서는 독일 왕국의 팽창으로 슬라브인의 거주지가 파괴된 사례를 "찾기 어려우며" 이들은 기존의 법적 권한을 보장받았다. 슬라브인의 군사 거점인 성grodъ, grod 역시 독일 통치자들에 의해서 '성채castella' 혹은 '도시civitates'라는 이름으로 지속해서 사용되었고, 방어 임무는 성의 수비를 담당했던 기존의 슬라브 군인들에게 맡겨졌다. '부하fideles', '병사milites'로 불리던 이들은 변경백의 지역 수비와 꿀, 왁스, 동물 가죽 등의 공납을 거두어들이는 일을 담당하면서, 일부는 수장층seniores, 추장층primores, 호민층optimi, 양민liberi으로 불릴 정도로 고위 귀족의 지위를 차지했다. 따라서 기존의 집단학살과 정치적 박탈로 이어지는 '슬라브 절멸론'은 더는 유효하지 않다.

이들의 지속적인 지원으로 우타가 생존하던 서기 1000년경 잘레 동부에서 인구의 절대 다수를 차지하던 점령지 원주민으로부터 부역과 공납 징수가 수월하게 이루어질 수 있었다. 공조의 대가로 황제는 왕령지를 하사하였고, 우타의 남편 에케하르트는 자신의 휘하에 있던 슬라브인 성주 모이크Moic가 왕령지를 하사받을 수 있도록 황제에게 청원을 한 것만 보아도 정치적 공조는 우호적인 관계와 함께 이루어지고 있었다. 에케하르트 2세는 사망 직전인 1045년에도 자신에게 봉사했던 슬라브인 성주에게도 왕령지를 하사하도록 하였다.

마이센 변경주에서 '독일인'들과 잡거하던 슬라브 세력의 일상적 모습은 사료의 침묵 이면에 감추어져 있지만, 이들의 가문은 면면히 이어졌고 독일 지역에서 유입된 정치와 종교 세력과의 협력 관계는 우타의 입상이 세워지는 13세기 중반에도 지속되었다. 이 시기에 마이센과 나움부르크 교회의 봉헌자 명단에 슬라브인들이 기재되거나 슬라브 출신 성직자의 등장은 독일어-슬라브어-라틴어의 삼중언어 구사자가 살았던 접경 지대에서 혼종적 삶의 단면을 보여준다. 이러한 모습은 독일 동방정책으로 슬라브인들이 '전멸'되었거나 혹은 이들에 대해 단순히 기존의 권리를 인정하는 '관용'을 베풀었다기보다는 적극적인 '포용'과 '혼융'이 이루어진 것으로 보아야 할 것이다.

독일 출신 농민들의 언어lingua rustica와 토착 슬라브인들의 언어가 공존했고, 귀족 가문 내에서도 문화적 혼융과 동화 현상이 빈번하게 포착되었다. 한 예로, 마이센 인근의 알트첼라Altzella 수도원에서 1185년에 발행된 문서에 등장하는 마르티누스Martinus de Bvkewen와 알베르투스Albertus de Libz와 관련해서 이들의 다른 형제 이름Pribzlaus/

Pribyslav와 Burzlaus/Borislav이 각각 명기되었는데, 이는 같은 슬라브 가족 내에서도 독일식 이름과 슬라브식 이름이 병행되어 사용되었음을 보여준다. 이 경우 장남은 독일식 이름을, 차남은 슬라브식 이름을 사용했던 것 같으나, 보크벤Bockwen 가문의 경우 1200년경부터 순수하게 독일식 이름만 사용하기 시작했다. 같은 수도원에서 1203년에 작성된 문서에는 아버지와 아들의 이름Boris de Zbor et Magnus filius eius이 등장하는데, 아들의 독일식 이름과 마그누스Magnus의 동생 이름Arnoldus은 13세기까지 마이센 지역에서 슬라브 가문이 존속했음과 동시에, 같은 가문에서 자식 세대에 와서 슬라브식 이름을 포기하고 독일식 이름을 차용하였음을 보여준다.

접경사 연구

전통적인 국경사 연구는 국경을 폄훼될 수 없는 불가침성을 내재한 배타적 선線으로 보았고, 그로 인해 중세 독일의 동부 국경 지대 역시 게르만의 고유 영토이자 신성한 방어선으로 이해하는 문제점을 드러냈다. 근대 민족국가의 단종적單種的이고 균질하며 통합적인 영토 개념이 등장하기 전까지 중세의 경계 지대는 배제와 관용, 전쟁과 상호 의존, 편견과 실용주의가 혼재하는 아슬아슬하면서도 기묘한 공존의 접경 지대였다. 이성과 광기가 끊임없이 교섭하고 충돌하던 이종적異種的 공간인 셈이다.

국경에 대한 일국사적인 '기억 정치'가 국경을 단절과 분쟁의 단층선 개념으로 인식하는 오류를 범하고, 독일-폴란드 국경을 천년 전사戰史의 원인으로 재구성·재해석하고 일종의 신화로 변질시킨 결과, '기억의 전쟁memory war'은 여전히 지속되고 있다. 19세기와 20세기의 독일-프로이센 지식인들은 엘베강과 오데르-나이세강 사이의 지역을 자국 역사로 편입시키면서 다양한 자문화 중심적 이론과 담론을 주조하였다.

불분명한 정체성을 가진 변방의 우타와 레글린디스 입상을 둘러싼 예술의 정치화와 집단기억은 치밀하게 기획되어 대중의 일상적인 기억에까지 침투하였다. 연출된 사진, 민족적 서사, 정치적 구호는 화려한 무대에서 민족주의적 기억을 재생산하고 강화하는 기제로 활용되었다. 재현을 통해 왜곡된 우타는 대중에게 독일적인 정체성을 확인하는 하나의 실재이자 불안한 현실 속 미래의 희망이 투영된 상징으로 승화되었다.

그러나 우타와 레글린디스의 동시대인들은 사이 공간을 정합整合하는 실용적인 노선을 걸었고, 때로는 강요되고 원치 않는 공존이었음에도 편견과 배타적인 감정은 '현실적인 타협'으로 풀어야 했다. 현상 유지를 위해 실용적 노선을 취했던 경계 지대의 일상은 단절적이기보다는 교류적이었으며, 동시에 이곳은 분절된 지역이 아니라 상호 교류와 의존이 심화되는 공간이었다. 비록 일부 상황에서는 의존적이고 선택적인 관용이긴 하였지만, 구성원의 협력과 공존을 모색하면서 경계는 차츰 치유의 역사적 공간으로 바뀌어 갔다.

그러나 국가적 기억 정책은 과거 사실을 의식적으로 회상하면서 역사적 사실보다는 정치적 목적을 우선시했다. 우타와 레글린디스, '독일 여인'과 '폴란드 여인'을 성당 제단에 서로 마주 보게 배치했던 나움부르크 장인의 중세적 기억과는 달리, 20세기의 권력은 근대의 민족 갈등을 중세에 투사함으로써 독일적인 것과 폴란드적인 것의 차별성을 드러내고, 그 과정에서 이국적인 것을 부정적인 것으로 타자화하였다. 민족 문화의 순수성과 통일성을 강조하는 기억 정책은 국경선을 놓고 벌였던 갈등을 대중의 애국심 고양을 위해 과장하고 왜곡하였으며, 복제 기술을 활용하여 탄생한 사이비 아우라를 통해 '정치의 심미화'를 추구했던 문화 정책과 언론은 이를 다시 증폭시켜 왔다. 이러한 작동 기제는 우타의 입상처럼 특정한 목적에 봉사하는 기억의 장소를 조성해 부각시켰다.

우타와 레글린디스가 삶을 살았던 중세의 경계는 이주와 이산, 결혼과 교류를 통해 한곳에 모인 이질적 문화들이 상호 교류하고 뒤섞인 다종족적 공간으로, 근대 국가가 기획하고 설정했던 삼투 현상을 억제하는 날카로운 모서리인 국경 개념과는 사뭇 다르다. 국경에 대한 상이한 기억과 해석들을 드러냄으로써 타자의 시각을 이해할 필요가 있다. 단절되었던 국가적 기억을 비교해 서로를 이해하고, 공통의 기억은 물론, 다양성 그 자체를 공유하는 새로운 구도를 만드는 작업이 요구된다. 민족적 자부심만을 강조하지 않고, 자신의 폭력적 역사를 반성함으로써 민족적 기억 속에 폭력으로 얽힌 어두운 역사를 겸허히 수용하고, 상대방의 감정을 헤아리는 이러한 초국가적 기억의 장소를 발견할 때 민족 국가의 배타적인 양자택일의 논리는 양자 공존의 논리로 대체될 수 있다.

6. 중세의 이주

동방 이주 연구

역사학자들은 12세기 초반부터 14세기 중반까지의 250여 년을 동방 이주 시기로 명명하면서, 이 시기의 동유럽 지역을 개척과 이주의 공간으로 상정하였다. 독일과 폴란드 국경 지대는 19세기부터 양국 역사전쟁의 최전선이었다. 제1차 세계대전 이후 독일의 국경사학자들은 동부 국경 지대를 중세의 식민 이주와 더불어 형성된 '독일 정신의 최전방 국경'으로 규정하였다. 국경에 타문화에 대항하는 전투적 공간이라는 이름을 붙이고 이민족의 역사적 흔적을 지우려고 노력했다. 국경의 문화·혈통적 순수성을 보호하기 위한 역사적 '인종 청소'를 자행했던 것이다.

양차 세계대전 사이의 역사가들은 슐레지엔, 포메른, 프로이센, 폴란드에서 진행된 중세 독일인들의 동유럽 이주를 '독일인들의 위대한 식민 사업'으로 칭송하면서 독일 동방 팽창의 이데올로기를 옹호하는 임무를 수행했다. 그들은 높은 수준의 독일 문화가 전파되면서 낙후되었던 동유럽 지역은 비로소 개화될 수 있었다는 독일적 오리엔탈리즘에 근거한 문명 전파 이론을 제기했다.

기존의 연구는 동방 이주를 군사·정치적 팽창으로 해석하면서 침략과 수탈, 가해와 피해, 우월과 열등의 이항 대립적 관점에서 벗어나지 못했다. 동유럽의 학자들은 중세의 이주를 영토 확보를 위한 탐욕스러운 봉건 왕국의 침탈 행위로 규정했고 여기에 반독일적 감정을 고스란히 투영하였다. 이들은 나아가 이를 제국주의적 침탈로 규정하면서 반독일적 해석이 지배적이었다. 즉, 이주 이전에 이미 도시 건설이 시작되었고 독일 이외의 다른 서유럽 지역으로부터도 이주민의 유입이 있었던 것으로 밝혀지면서 동방 이주의 독일적 전유는 더 이상 유효하지 않게 되었다는 것이다.

제1차 세계대전 이후에 독일 역사학계는 동방 실지에 대한 역사 주권을 중세의 '식민 운동'에서 찾으면서 동방 이주에 대해 우월한 독일 문화의 이식이라는 민족 중심적 문명 전파론 또는 동쪽으로 갈수록 문명은 낙후된다는 문명 하향론의 입장을 견지하였다. 독일의 역사학은 중세의 동유럽 이주를 '독일의 동방 식민화deutsche Ostkolonisation', '독일의 동방 운동deutsche Ostbewegung', '독일의 동방 이주deutsche Ostsiedlung'로 정의함으로써 민족사Volksgeschichte의 범주에 한정시켰다. 독일 역사학계에서 중세 독일의 동방 이주는 식민 운동이자 동유럽의 독일화로 이해되었다. 이처럼 기존의 중세 동방 이주 연구는 독일 측이 주장하는 '문명 부재론'과 슬라브 학자들의 '문명 맹아론'이라는 이항 대립적인 해석의 분석 틀을 벗어나지 못했다.

기존의 국경사 연구에 의하면, 게르만 민족 이동 이후에 슬라브-폴란드인들이 유입되었던 국경 지대에 10, 11세기에 독일인들이 '재이주'하면서 발전된 독일 문화가 다시금 이식될 수 있었고, '재이주', '재탈환', '재독일화' 등의 역사 용어들은 국경선 투쟁을 뒷받침하는 이데올로기적 자양분을 제공했다. 국경을 넘나드는 평화로운 이주와 교류는 서술에서 배제되었다.

만약 이주가 있었다면 이는 오로지 영토 정복을 위한 이주에 불과했다. 독일 민족의 이주로 인해서 슬라브인들은 '쫓겨났고' 경계 지대와 그 너머의 공간은 게르만화되었다. 그래서 랑케도 성공적인 군사 작전으로 슬라브인들이 '절멸되었고', 메클렌부르크, 포메른, 브란덴부르크, 슐레지엔 등으로 이주한 독일의 귀족, 시민, 농민은 경계 지대에서 새로운 종족적 기반을 형성하였다고 자랑스러워했다. 슬라브 원주민들이 독일 이주민들에 끼친 영향력은 학계에서 최소화되었다. 그 결과, 슬라브 원주민과 독일 이주민의 혼거와 혼혈은 부정되고 이들의 지속적인 상호 교류와 공존에 대한 인식은 지극히 부족했다.

학계의 주목을 받지 못했던 '중세 독일의 동유럽 이주'라는 사건이 19세기 이후 새롭게 등장한 사실은 자못 흥미롭다. 중세 연대기 작가들조차도 동유럽 이주에 대해 별다른 주목을 하지 않았기 때문이다. 아마도 이 주제는 19세기에 독일과 폴란드 민족 갈등이 없었다면 역사 연구의 영역으로 확장되지 않았을 것이다.

하지만 독일-폴란드 국경은 중세부터 독일을 비롯한 서유럽 지역의 이주자들이 여러 슬라브족과 본격적으로 조우하게 된 지역이기도 하였다. 최근의 국경사 연구는 다양한 이질적인 집단의 이주와 조우, 동화와 융합, 새로운 종족 정체성의 형성 등에 주목하면서 과거 단절과 대립의 장소였던 국경을 변화와 역동의 접경 공간이라는 새로운 관점에서 이해하기 시작했다. 동방 이주는 가해와 피해의 이분법적 구분을 넘어서 새로운 관점에서 접근되어야 한다.

중세의 동유럽 이주는 '식민지화'를 통한 야만의 문명화 사업이 아니라 독일과 슬라브 두 문화가 조우, 잡거, 혼인 등으로 경제·제도·문화의 다양한 영역에서 삼투 현상이 발생했음이 밝혀지게 되었다. 특히, 늦게 도래한 독일인에게 영향을 준 슬라브의 언어, 법, 관습, 정치 제도, 경제 조직의 중요성이 새롭게 인정되었다. 이주민에 의한 일방적인 문화 전파의 서사 구조가 해체되고 문화 융합 중심으로 재서술되면서, 국경은 이질적인 다양한 문화가 조우하고 타협하는 '혼종의 공간'이자 '얽힌 역사histoire croisée, entangled history'가 전개되는 곳으로 이해되기 시작했다.

이주는 정복의 또 다른 모습이 아니었다. 슬라브 통치자들은 외부로부터 가급적 다양한 지역에서 많은 이주민을 받아들여 최대한의 수입을 얻고자 했다. 독일 이외의 지역, 예를 들면 프랑스, 벨기에, 네덜란드 출신의 이주자에 대한 연구가 축적되면서 동방 이주는 독일사만의 특수한 길이 아닌 유럽적 현상으로 밝혀졌다. 폴란드, 체코, 슬로바키아, 헝가리 등 동유럽의 중세사학자들도 1970년대 이후부터는 방어적인 입장에서 벗어나서 동유럽의 왕국 건설과 영토 개발에서 서유럽 이주민의 기여를 인정하기 시작했다.

일부 연구자들이 주장했던 독일 민족의 '대규모 집단 이동Ostbewegung, Drang nach Osten'은 없었으며, 이주는 당대의 연대기 작가들도 인식하지 못할 정도로 점진적이고 간헐적인 형태로 진행되었고, 우월한 문화 전파라는 목적 의식도 찾기 어려우며 신성로마제국 차원의 국가적 기획도 아니었다. 이들은 농부, 수공업자, 상인, 광부, 소귀족들로 구성된 가난하고 힘들게 살았던 평범한 이주민들이었다. 이주민 수용 국가의 입장에서도 독일의 문물에 대한 애착보다는 자국의 경제적 활성화와 군사적 목적이 우선시되었다.

제6장에서는 여타의 동유럽 국가들에 비해 상대적으로 연구가 미흡한 중세 헝가리로의 독일인 이주를 고찰하고자 한다. 특히 헝가리의 아르파드 왕조가 13세기 전반기에 발행한 특허장 분석으로 이주 수용국의 계획적이고 선별적인 이주정책을 살펴보고자 한다. 왕권 주도의 이주정책과 연관된 특허장 분석은 기존의 이주 국가 중심의 해석과는 차별된 접근 방식으로 이주민 수용 국가인 헝가리의 입장에서 동방 이주를 고찰하는 의의가 있을 것이다. 이러한 새로운 방법론적 접근을 통해서 중세의 이주 문제를 문명 부재론과 '문명 맹아론', 식민과 이주, 가해와 피해의 이분법적 구분을 넘어서 새로운 관점에서 접근하고자 한다.

이주와 환대의 왕국

신성로마제국의 주교이자 역사가였던 프라이징의 오토Otto von Freising는 제3차 십자군 원정에 참가하던 1147년에 헝가리 지역을 지나면서 이곳의 자연은 신의 은총으로 낙원처럼 풍요로워 이집트의 곡창 지대를 연상케 한다고 기록한 바 있다. 그러나 비옥한 토지가 널려있었지만 많은 지역이 아직도 경작되지 않았고 갈대로 지어진 가옥은 보잘것없었으며 나무와 돌로 된 주거지도 찾아보기 힘들 정도여서, 사람들이 여름과 가을에는 임시 가옥에서 생활하는 모습이 목격되기도 하였다. 이처럼 매력적이지만 낙후되고 개발의 여지가 많은 곳에 고향 사람들이 상당수 이주해서 살고 있었고, 이들 중 일부 귀족들principes은 헝가리의 왕을 지척에서 보필했다. 실제로 이미 12세기 중반에 독일 지역으로부터 상당한 규모의 이주가 진행되었고 이들은 농부, 수공업자, 상인, 귀족으로서 주로 헝가리 동부, 즉 오늘날 대부분 루마니아의 영토인 트랜실바니아Transylvania 지역에서 다양한 형태의 촌락castrum, urbs, civitas을 형성하고 광업과 소금 채취 및 교역에 종사하였다. 독일인의 이주자 수가 늘어나고 이들의 사회·정치적 중요성이 커지면서 오히려 사회적 반감도 생겨났으며, 13세기 후반에 헝가리의 한 성직자는 11세기의 상황을 회상하면서 왕국의 귀족들을 중상모략하고 국부를 착취하는 독일인의 흉폭함을 격양된 목소리로 비난한 바 있다.

중세 헝가리의 역사는 이주의 역사라 불릴 정도로 적극적인 이주정책이 진행되었다. 11세기까지는 동쪽에서 유입된 무슬림, 유대인, 불가리아인들이 콘스탄티노플, 키예프와의 교역을 주도했고, 그리스도교로 개종하고 헝가리 왕국을 창설했던 이슈트반István, 997~1038왕이 독일 출신의 기젤라Gisela와 결혼함으로써 서유럽과의 교류와 이주도 본격화되었다. 이슈트반이 1015년경 자신의 아들을 위해 작성한 『보감』은 왕이 지켜야 할 10개의 덕목 중 하나로 '이주자들의 환대와 대우'를 꼽았다. 여러 지역 출신의 이주자들은 다양한 언어, 습성, 학식, 군사기술 등으로 왕국과 왕실을 이롭게 하고, 단일 언어와 풍습을 가진 왕국은 오히려 나약하고 쉽게 쇠락할 수 있으니 손님들이 왕국에 머물도록 후하게 대접하고 합당한 직책을 부여할 것을 권고한다. 외래인을 현지인과 동등하게 보살피라는 당부의 말도 잊지 않았다.

이슈트반의 이방인에 대한 측은지심은 군주의 의무에 대한 종교적 언사이기도 하지만, 유목 사회의 정치구조 속에서 왕권 강화를 위해 서유럽, 특히 신성로마제국의 지원을 필요로 했고, 이는 결국 동쪽 지역과의 전통적인 관계의 단절이자 동시에 서유럽과의 새로운 시작을 의미했다. 이슈트반의 『보감』에 언급된 이주민들은 주로 기젤라를 보필하여 학문과 군사기술을 보유하고 헝가리로 이주한 기사와 성직자들, 즉 군사와 종교 분야의 지도층이었기에 여기에는 당시의 외래 이주민 수용의 정치적 의도와 목적이 내포되어 있다.

12세기에 들어와 독일과 서유럽인의 이주가 본격화되면서 헝가리 사회는 새로운 시대를 맞게 된다. 교황 인노켄티우스 3세도 헝가리를 '다양한 인종의 사람들이 모여든 왕국'으로 묘사한 바 있다. 서유럽과는 달리 헝가리에서는 13세기 초반까지 연대기 등의 서술 자료가 작성되지 않아서 외래 이주민들의 상황을 파악하는 데 어려움이 있다. 다행히 헝가리 왕국을 건설한 아르파드Árpád 왕조1000~1301가 발행한 이주민 특허장이 남아 있어서 이주민-초청자 사이의 관계를 밝힐 수 있게 되었다.

그림 8_ 그리스도교로 개종하고 헝가리 왕국을 창설했던 이슈트반 왕과 독일 출신의 왕비 기젤라. 사진의 인물상은 기젤라가 거주했던 헝가리의 베스프렘(Veszprém)에 세워졌다.(출처: wikipedia)

현존하는 가장 오래된 이주민 특허장은 1201년의 것으로, 여기서 임레Imre 왕은 헝가리 북동부에 위치한 샤로슈퍼터크의 이주자들에게 공동체 구성원을 대표하는 치안판사의 선출권과 사법적 독립성, 유산 상속 및 재산권 보장과 통행세 및 관세 면제를 허락했다. 1201년의 특허장에는 치안 판사가 prepositus로 명명되었으나, 이후의 사료에서는 richtardus, iudex, villicus, maior villae 등 다양하게 표현된다. 이는 이주자들의 고향에서 표기되었던 방식을 따르면서 생겨난 차이일 것이다. 치안 판사는 이주 공동체가 도시의 모습을 갖추기 전에 경미한 법적 분쟁의 처리 및 치안 유지 등 재판권과 경찰권을 가졌다.

이주자들의 대표격인 치안 판사의 존재는 이미 헝가리 남서부의 교역 도시인 페치Pécs에 발행된 1181년의 문서에도 등장하는데, 헤르만이라는 이름의 치안 판사와 다수의 이주자가 증인 명단에 실명으로 등장하는 것으로 보아서 이곳에는 상당수의 이주자들이 있었고 개간 사업도 어느 정도 진행된 것으로 보인다. 하지만 1181년에 치안 판사가 선출되었는지 아니면 임명되었는지에 대해서는 확실한 기록이 없다.

이주민의 관습법에 근거한 자치권 보장은 이들이 1201년 이전에 구두로 특권을 부여받은 바 있고, 1201년의 특허장은 이미 존재하고 있던 특권을 성문화하였음을 의미한다. 아마도 샤로슈퍼터크 이주자의 특권은 이주 초기부터 보장되었을 것이다. 아래에서 다루어질 1222년의 '황금 칙령' 역시 이주자들에게 "처음부터 자유가 보장되었음"을 명시하고, 1224년의 법령도 독일 이주민들이 12세기 중반에 게자Géza 2세1141~1161에 의해서 초청되었음을 강조한다.

1201년 이후부터는 이주민 공동체의 법률적·경제적 자치권을 인정하는 특허장의 발행이 지속되었다. 하지만 1201년의 특허장은 독일인들이 아닌 이들보다 먼저 이주해온 '라티니latini'로 불렸던 오늘날의 북프랑스와 벨기에 지역 출신자들에게 발행된 것이다. 일반적으로 알려진 것과는 달리 독일 지역 이외에서 프랑스 등 서유럽인들도 동유럽으로 이주를 하였다. 헝가리 북부의 에스테르곰Esztergom 시는 14세기 중반까지 프랑스인들이 주민 상당 부분을 차지하고 시의 운영을 주도하였던 대표적인 프랑스인들의 도시였다. 독일 지역의 이주자들이 농촌과 도시에 골고루 정착했던 반면에, 직물 교역에 종사하던 프랑스인들은 주로 도시를 생활 기반으로 삼았다. 1206년에 언드라시 2세가 발행한 특허장도 요한네스 라티누스Johannes Latinus라는 인물에게 재산권을 보장해 주었다. 헝가리로 먼저 들어온 프랑스와 벨기에 이주자들이 누리던 특권은 점차 그 수가 증가하던 독일인들에게도 부여된 것으로 보인다.

이슈트반을 비롯한 중세 헝가리의 왕들은 대부분 외국 출신의 부인을 맞았고, 1186년 벨러 3세와 결혼한 마르그리트루이 7세의 딸와 더불어 프랑스 문화가 유입되었다. 따라서 독일법과 문화가 독점적으로 동유럽에 전파되었다는 독일 학자들의 민족주의적 해석은 더 이상 유효하지 않다. 헝가리 학자들도 서유럽 이주민들의 경제적·법적 영향과 기여도를 부정하지는 않으나 동방 이주를 독일의 역사적 과업으로만 보는 해석에 대해서는 부정적이다.

중세의 헝가리 왕국은 오늘날보다 3배 이상 큰 지역을 통치하던 정치 세력으로, 한때는 크로아티아, 슬로베니아, 보스니아, 세르비아, 슬로바키아, 루마니아, 우크라이나 지역 일부를 지배했다. 트란실바니아는 오늘날에는 루마니아의 영토이지만 중세 헝가리 왕국이 이 지역을 병합하면서 이곳은 키예프와 콘스탄티노플의 교역로에 위치한 헝가리 동부 지역의 신흥 경제 거점으로 성장했다. 1206년에 언드라시 2세는 트란실바니아의 촌락에 거주하면서 "자신들의 관습대로 살고 있던" 독일인 이주자들에게 국왕 소유의 산림 이용권을 하사하고, 인근 토착 귀족들에 대한 숙식 제공과 왕령지 사용료 납부 등 다양한 공적 의무로부터의 면제 및 자치권을 보장한 바 있다. 왕은 이들을 '왕국의 가장 훌륭한 이주자들'로 칭송하면서, 1201년의 특허장과 마찬가지로 특정 개인이 아닌 공동체 집단에 특권적 지위를 부여하였다. 이러한 특별 대우는 12세기 중반부터 독일 지역으로부터 이주가 본격화되면서 1200년경에 이주민은 곧 독일인을 뜻할 정도로 그 수와 영향력이 증가하였음을 의미한다. 1206년의 특허장은 단기필마로 이주해서 토착 가문과의 결혼 등으로 헝가리 문화에 동화되었던 귀족과는 달리 집단 이주를 했던 범부들은 자신들의 언어와 문화적 정체성을 보존하고자 했음을 시사한다.

언드라시 2세의 자치법Diploma Andreanum

부친인 언드라시 2세와 마찬가지로 왕자 벨러Béla 4세는 1220년에 공동 국왕으로 지명됨과 동시에 왕국의 남서부에 위치한 바라주딘Varaždin의 '친애하는 이주자'들에게 치안 판사 선출권, 관세 면제 등 다양한 특권을 부여하였다. 1206년과 1220년의 특허장 모두 왕국의 주변부에 정착한 독일인 공동체에 발행된 것으로, 통치자들은 이주를 통해서 경계 방어를 강화하고자 했다. 12세기 중반 이후 헝가리 통치자들의 주 관심사는 동부와 남부 경계 방위 문제였다.

이주의 다른 목적은 미개간지와 산림 지대의 경작과 동시에 왕권이 상대적으로 미약했던 지역에서 토착 귀족 세력의 견제였다. 경계 지대의 산림은 대부분 아르파드 왕가 소유의 왕령지로, 왕령지 개간과 경계 방어를 위해서도 독일인들의 이주가 절실했다. 이러한 이유로 왕국의 주변부인 북동, 남서, 남동 지역의 경계 방어·광산 개발·교역을 목적으로 세워진 거점지의 이주자들에게 집중적으로 특허장이 발행되었고, 그 결과 중세 헝가리의 자치권은 왕국 중심부medium regni가 아닌 주변부에서부터 태동해서 확산되었다.

독일인 이주는 독일 문명의 팽창이라기보다는 헝가리 왕실의 전략적 기획 의도에서 비롯되었고, 이는 기존의 연구자들이 간과했던 사실이다. 학자들이 왕국의 중심부 연구에만 치중하면서 주변부의 상황을 면밀하게 검토하지 못한 결과이기도 하다.

지방 세력을 견제하면서 왕권을 강화하고자 외지에서 초빙된 전사 집단이 관직을 차지하면서 오토 주교가 언급했던 귀화 귀족층이 형성될 수 있었다. 1222년에 언드라시 2세는 헝가리 왕국의 헌법으로 불리는 황금 칙령에서 왕국으로 온 이주자는 관직에 등용될 수 있음을 공포하면서 이들의 출신지와 관계없이 특권을 보장했다. 이와 관련된 칙령 제19조를 구체적으로 살펴보면, 왕의 성을 수호하고 관리하는 하위 귀족의 자율권과 '동등한' 자율권이 이주자들에게 보장되었다. 11~12세기에 왕권 강화책의 하나로 왕은 외지인의 이주를 주도하였고 이주민들의 보호자이자 봉임자로 자처했다. 그래서 중세 헝가리는 이웃 보헤미아, 모라비아, 폴란드 등과는 달리 중계인의 손을 거치지 않고 왕과 왕실에 의한 이주민 이주가 진행되었다. '짐의 부름ad vocacionem meam' 손님들에게는 자유민 신분이 보장되었고, 이렇게 해서 1222년 법령에 언급되었던 상당수의 이주자들은 관직을 차지하고 고위 인사로서 왕에게 봉사했다.

언드라시 2세의 황금 칙령은 대대로 외국 왕족과 혼인 관계를 맺어온 아르파드 왕실의 결혼 정책과도 연관이 있다. 그가 1203년경에 결혼한 첫 번째 부인Gertrud von Andechs-Meranien은 독일 출신으로 그녀와 함께 도래한 독일 귀족들이 왕국의 내정에 개입하기 시작했다. 1211년부터 독일 기사단이 헝가리 남동부의 경계 지대 방어를 담당하면서 독일 이주자들의 거주지는 확장되었고 출신도 다양해서 독일 남부, 튀링겐, 마이센, 라인 강변 등에서 이주자가 계속 유입되었다. 외지인에 대한 토착 귀족들의 반감은 외국인 왕비의 살해로까지 비화되기도 하였으나, 아르파드 왕조가 11세기부터 추진했던 이주정책은 13세기 중반까지 큰 변화가 없었다.

언드라시 2세는 1224년에도 이주자들에 대한 자치법Diploma Andreanum을 공포하면서 트란실바니아의 오러슈티에Orăștie와 드라우셰니Drăușeni 사이에 정착한 독일인에게 다양한 특권을 하사하였다. 왕에게 매년 500마르크 상당의 은화를 납부하고 국왕이 참여하는 전투에 50~500명의 무장 전사를 제공하는 조건으로, 공동체의 정치·종교·법적 자치권 인정, 치안 판사와 사제 선출권, 상인들의 관세와 통행세 면제 및 이주의 자유, 소량의 소금 구매, 국왕 소유의 산림과 수로의 이용권, 독자적인 인장의 사용 등 광범위한 특혜를 보장하면서 이곳을 독일인들의 자치 구역으로 인정한다.

무엇보다도 이들의 관습법에 근거한 재판권을 인정하면서 독립적인 법 공동체가 형성될 수 있었다.

중요한 사실은 특허장이 현금 납부와 군사적 의무 이행이라는 책무를 전제로 했다는 점이다. 당시는 헝가리 왕과 독일 기사단과의 대립이 첨예화되던 때라 이들은 동향 출신의 군인들과 타지에서 싸움을 벌여야만 하는 상황이기도 하였다. 자치권을 보장하는 일련의 특허장은 이주민 공동체의 정치적 위상을 일방적인 통치의 대상에서 협력자로 격상시키는 의미를 지닌다. 특허장은 쌍방간의 권리와 의무를 성문화하였기에 이는 왕의 일방향적 호혜 행위가 아니라 이주자와 초청자 양자의 관계를 규정하는 '상호 계약적 성격'을 띤 증서로 볼 수 있다. 이러한 이유로 왕은 특허장의 발행 이유를 "이주자들을 어려움으로부터 벗어나게 하여서 이들이 왕에게 봉사할 수 있는 기회를 주고자 함"이라고 명시하였다.

경계 방어와 이주

언드라시 2세는 헝가리 북동부 경계 지대에 위치한 촌락에 거주하던 독일 이주자들에게도 1230년에 특허장을 하사한다. 이들이 고향에서부터 유지하였던 관습은 보장되었고, 인근의 강을 건널

때에 지불하던 통행세와 관세도 면제받았는데, 이는 결국 공동체의 경제 활성화에 도움이 되었다. 사법권은 이주민들이 선출한 치안 판사에 귀속되었고, 주교의 동의를 얻는 조건으로 사제 선출권도 인정되었다. 대신에 유사시에 치안 판사는 궁사 네 명과 함께 전투에 참여하고, 왕의 도시 체류 기간에 숙식을 제공해야 한다. 여기서도 왕은 이들을 "긍휼히 여겨서" 이주를 허락하였고 동시에 이들의 보호가 왕국의 이익과 직결된다고 인식했다. 왕국의 이익은 경계 방어와 왕의 체류비 부담을 의미하는 것으로, 이 시기에 왕은 사냥을 위해서 이 지역을 방문하곤 하였다.

언드라시의 재임 기간에 그의 차남인 칼만Kálmán이 헝가리 왕국에 새롭게 복속된 슬로베니아 지역의 대공 자격으로 부코바르 성 인근의 이주민에게 부여한 1231년의 특허장은 치안 판사 선출권과 이주의 자유를 포함한 행정과 재정 분야에서 주민자치권을 인정하였다. 특허장은 독일, 작센, 헝가리, 슬라브인 등 여러 지역 출신의 이주자들이 공동으로 거주했음commorantibus을 명시하면서 이주민 공동체의 인종적 혼종과 잡거라는 흥미로운 모습을 보여준다. 독일인들은 여러 곳에서 다양한 지역 출신 이주자들과 공존했던 것으로 보인다. 1206년에 특권을 하사받았던 프랑스 북부 지역 출신의 요한네스 라티누스도 독일인들과 함께 같은 지역에 거주했으며, 중세 헝가리의 종족적 혼종성은 이후에도 지속되었다.

출신지와 상관없이 현지인과 외지인 모두에게 동일한 특권이 적용되면서, 주로 수공업과 교역에 종사하던 이들의 경제 활동은 장려될 수 있었다. 칼만의 이주자 특허장 하사는 부친의 정책을 계승한 것으로 새롭게 왕국에 편입된 지역의 경제 활성화를 위한 선택이었다.

칼만의 형이자 언드라시 2세의 장남인 벨러 4세1235~1270가 왕국 서부의 솜버트헤이Szombathely에 정착한 이주민들에게 1238년에 발행한 문서는 그가 발행한 초기의 특허장으로, 왕권의 보호 하에 있는 이주민들이 100가구에 한 명씩 전사를 보내야 하는 의무를 규정한 것으로 보아서 이곳의 규모가 상당히 컸음을 알 수 있다. 치안 판사는 12명의 주민들로 구성된 배심원들과 함께 재판을 진행해야 하며, 주민의 사제 선출권을 인정하면서 십일조 납부는 독일인의 관례를 따른다고 규정한다. 여기서도 유산 상속권과 같은 재산권 행사와 이주의 자유를 법적으로 보장했다. '이주자들을 모으기에 가장 적합한 장소'에 발행된 이 문서는 헝가리의 왕이 전략적으로 이주정책을 추진했고 경제구조와 방위전략의 변화를 통한 지역경제 활성화를 도모하기 위해 특허장을 하사했음을 보여주는 사례이다.

솜버트헤이 특허장은 인근 토착 귀족 세력의 이주민 공동체 개입을 원천적으로 봉쇄하면서도 대신에 왕에게는 자유로운 체류와 숙박권을 보장했다. 왕에게는 재정적으로 큰 도움이 되는 권한이었다. 1242년의 한 특허장에는 왕의 체류 시에 12마리의 황소, 1,000덩어리의 빵, 4통의 와인이 요구되었는데, 이는 제공자의 입장에서는 상당한 부담으로 여겨졌을 것이다. 여타 귀족의 경우에는 이보다 훨씬 적은 분량이 요구되었다. 14세기 이후부터 왕의 수도 체류 기간이 길어지면서 이주민의 부담은 점차 줄어들었다. 이는 공동체에 대한 왕의 통치와 지배를 상징하며 동시에 지방 호족 세력을 견제하면서 권력을 왕권에 집중시키려는 정치적 의도였다. 이러한 왕권 강화 정책은 "왕이 참가하지 않는 전투에는 관여해서는 안 되며 왕의 출정시에는 100가구에 1명의 전사를 파견할 것"을 명시하는 규정에서도 잘 드러난다.

이주자들의 사제 선출권은 앞에서 언급된 1224·1230·1238년의 특허장 외에도 다른 특허장에서도 인정되어 13세기의 헝가리에서 발행된 문서 중에서 최소한 20여 곳의 독일인 거주지에서 확인 가능하다. 이는 자치적인 사제 선출권이 동유럽의 여타 독일인 이주 지역보다 헝가리에서 더 확산되었음을 의미한다. 13세기 전반기의 특허장이 보장하던 다양한 특권들은 이후에도 반복적으로 언급되었다. 1244년에 벨러 4세는 몽골의 침략으로 황폐화된 왕국을 재건하면서, 독일인들이 거주했던 부유한 대도시인 페슈트 시오늘날 부다페스트의 동쪽 지역의 독일 이주자에게 사제와 치안 판사 선출권, 사유지 내의 산림 개간 및 이용권, 왕실 납부 면책권 등의 다양한 특권을 인정하였다. 벨러 4세는 1231년에 자신의 동생이 하사한 부코바르 특허장을 1244년에 재인준하면서 아르파드 왕조의 이주민 정책을 계승 발전시켜 나갔다.

왕권 강화와 이주

기존의 중세 동방 이주 연구는 '문명 부재론'과 '문명 맹아론'이라는 이항 대립적인 해석의 분석 틀을 벗어나지 못했다. 그러나 헝가리 왕국에서 13세기 초반에 발행된 특허장에 대한 연구는 문명과 야만, 가해와 피해의 이분법적 구도를 넘어서 아르파드 왕실의 통치자들은 이주민을 정략적으로 받아들이고 왕국 건설에 적극 활용하였다는 다면적인 접근을 용이하게 하였다. 1206년의 특허장에서 언드라시 왕은 외국 이주자들의 자유를 보장하는 것은 왕의 임무임을 천명하면서 이주자의 왕국에 대한 공헌을 기대하였다. 위에서 언급한 벨러 4세가 1244년에 페슈트에 거주하는 독일 이주민에게 발행한 문서도 왕의 임무는 "백성에게 긍휼을 베푸는 것"으로 규정하면서 이주민들도 왕국의 신민으로 간주했다. 그는 같은 해에 발간된 문서에서 "멀리서 온 이들의 용기를 북돋는 것"

을 왕의 책무로 간주했다. 왕의 이러한 적극적인 이주와 보호 정책은 '약자의 보호자'로서 군주의 위상을 드높이고 '왕국의 번영과 왕권의 영광'을 동시에 기대했다. 언드라시 2세도 1224년의 법령에서 특권 하사의 목적을 '왕에 대한 책임과 의무의 수행'임을 구체화였고, 벨러 4세 역시 특허장이 '짐과 왕국에 대한 이들의 유익한 봉사'의 대가임을 숨기지 않았다.

특허장은 이주자와 선주민 사이의 불필요한 갈등을 미연에 예방하기 위한 방편으로 이주자는 이들의 관습법에 근거하여 별도의 재판을 받도록 조치하였다. 이로써 관습법이 법률의 효력을 가지면서 재판 규범으로 작동하였고, 이주자들을 보호하려는 왕의 의중은 결투 재판 금지 조항에서도 나타난다. 대신에 이들을 위해서 동일한 법과 관습을 지키는 증인을 내세우는 증인 심판제가 도입되었다.

독일인 이주자들은 대부분 왕령지에 정착하였고, 이러한 국왕 주도의 이주정책으로 인해서 폴란드 같은 다른 동유럽 지역에서는 잘 알려졌던 이주민 모집인은 헝가리에서는 일반적이지 못했다. 귀족들이 이주정책을 주도적으로 추진했던 폴란드, 슐레지엔, 보헤미아에서는 이주민 모집인의 역할이 중요했으나, 상대적으로 많은 왕령지를 보유하고 있었던 헝가리의 왕은 직접 자신의 영토에 이주민을 정착시킬 수 있었기 때문이었다. 일부 학자의 회의적인 견해에도 불구하고, 아르파드 왕조의 신성로마제국과의 관계를 고려해 볼 때, 독일 왕실에 직접 사절을 파견해서 이주민을 보내도록 요청하는 방식으로 왕국 간의 최상위 차원에서 이주가 논의되고 진행되었을 가능성도 배제할 수 없어 보인다.

통치자도 일을 순조롭게 진척시키고자 이주민에게 최대한의 편의를 제공했다. 대부분의 특허장이 출신지와 관련 없이 이주민에게 통행세와 관세를 면제해 주었는데, 이는 13세기 중반 이후에도 왕국의 경제 활성화를 위한 수단으로 적극 활용되었다. 또한 1224년의 경우처럼 특정 공간에 대한 이주자들의 사용권을 부여함으로써 공동체의 경제적 자립 기반을 마련해 주었다. 이는 귀족에게 영토를 하사하는 것과 같은 법적인 행위로 단지 개인이 아닌 공동체 집단에 토지 양도가 진행되었다는 점에서 차이가 있을 뿐이다.

특허장에 군역의 의무가 반복적으로 강조되는 것으로 보아서 이주는 군사적 필요성과 연계되었고, 또한 특허장 발행이 변경지대에 집중되었기 때문에 왕이 이주를 통해서 접경 지대의 방어를 의도했음을 알 수 있다. 왕에 대한 군사적 지원은 이주민 집단이 귀족과 동등하게 무장과 전투의 권한을 부여받았고 이들의 정치 사회적 신분이 격상되었음을 의미한다. 하지만 이 같은 특혜는 이주민을 사법·경제·군사적으로 왕권에 결속시킴으로써 대외 방어와 내부 귀족 세력의 견제라는 중앙집권적 왕권 강화 정책의 일환이었다. 이러한 왕과 이주민 공동체 간의 수직적 결속은 도시들 간의 수평적 연대를 근원적으로 봉쇄하는 효과를 주었으며, 이는 결국 중세 헝가리에서 도시민 계층의 등장을 더디게 하는 원인이 되기도 하였다. 이러한 이유로 헝가리에서 도시 간의 연대는 15세기에 와서야 가능해졌다.

특허장에서 왕은 다양한 지역 출신의 독일 이주자들이 각각의 고향에서 누리던 관습과 법을 인정하였다. 이는 왕국의 이익을 위해 새로운 제도를 활용하려는 국왕의 전향적인 태도였다. 결과적으로 이주는 초청자와 이주자 모두에게 이익이 되었고, 헝가리 선주민들도 이주자들의 특혜로 피해를 보지 않았다. 이주는 선주민-이주민 이해 충돌이나 갈등보다는 쌍방향 간의 공생적 측면이 강했다. 이주민 공동체 인근의 세속 혹은 종교 권력자가 이주민 밀집 지역에 개입하면서 문제가 발생하곤 하였는데, 이는 이주 자체가 그 원인이었다기보다는 초창기에 재산 소유권 문제를 포함한 이주자의 권리 등 제도적 규정이 정해지지 않았던 상황적인 요인에 기인한다.

자치권의 확산

헝가리 중세사가들의 지적처럼 상당수의 문서들이 분실되었지만 아마도 더 많은 이주민 특허장이 존재했을 것이며, 현존하는 특허장 대부분이 유사한 양식으로 작성된 것으로 보아서 13세기 초의 특허장이 표본이 되었음을 알 수 있다. 발행된 특허장은 공통적으로 새로 이주하는 사람들이 아니라 이미 정주하고 있던 기존 이주민들의 특권을 인정하였으며, 이는 독일을 포함한 여러 지역의 이주자들에게 부여되었기 때문에 독일인들만이 특별한 대우를 받은 것은 아니었다. 이주민 특허장은 1230년대 후반부터 등장하는 헝가리 도시민을 위한 특허장의 또 다른 전형이 되면서 결국 보편적인 도시 자치권이 성립하는 데 기여를 하게 된다. 헝가리에서 도시 건설에 주도적인 역할을 한 집단이 시민civis이 아니라 이주민hospites이었으며, 시민 개념은 13세기 중반부터 등장하기 시작했다는 사실이 이를 뒷받침한다.

13세기 초반에 하사된 특허장에서 보편적으로 강조되었던 치안 판사와 사제 선출권은 공동체가 정치와 종교적 지도자를 선출할 수 있는 권리로서 자치권의 핵심이었다. 치안 판사 선출 자격과 방식에 대한 명확한 규정은 없지만, 구성원의 총의에 의해서 선출된 것으로 보아서 1238년의 특허장에 언급되는 '부유층 등의 지지를 받아 당선된 이들maior et sanior pars'이 공동체의 유력자들로서 여론을 주도했던 것으로 보인다. 치안 판사는 시참사위원회를 구성하는 '주체적인 서약자' 혹은 1238년 특허장에 등장하는 12명의 주민들로 구성된 배심원들과 함께 재판을 진행해야 했다.

사법권의 독립과 공동체의 자치적인 운영은 인근 귀족 세력의 정치적 영향력으로부터 벗어나는 것을 목적으로 했기 때문에, 1230년 특허장은 기존의 모든 법적 규제로부터 이주민들을 면제시키고 자신들의 법과 관습에 따라 살 수 있는 권리를 보장하였다. 이는 단순한 이주민 특허장이 아니라 도시 특허장으로 보아야 할 것이다. 하지만 인근 귀족 재판권으로부터 벗어날 수 있었다 해도, 왕은 최고 상위 영주였으므로 치안 판사가 해결할 수 없거나 판결에 이의가 있을 경우에 왕의 재판소에서 최종 판결을 내렸다. 따라서 공동체의 자유는 역설적으로 왕권에 대한 절대복종을 의미하며, 이는 사형선고권을 포함한 고등재판권이 13세기 초반의 특허장에 등장하지 않는 것에서도 잘 드러난다. 이주민의 왕에 대한 절대적 복속은 독일 기사단과의 전투에서 왕에게 군대를 파견하거나 특허장에서 왕들이 이들을 '짐의 이주민'으로 불렀다는 사실에서 더욱 확연해진다.

헝가리 왕이 특허장에서 인정한 이주 공동체의 사제 선출권은 독일과 다른 동유럽 지역에서 그 사례를 찾기 쉽지 않을 정도로 예외적이다. 이는 11·12세기 헝가리 왕국의 종교적 상황과 무관하지 않은데, 서임권 투쟁 이후에도 헝가리에서는 왕권이 사제 선출권 등의 종교적 영향력을 지속하는 예외적인 모습을 보였기 때문이다. 그 결과, 왕의 사제 선출 권한을 공동체에 전가할 수 있었고 이는 왕권 주도적인 이주정책에서 비롯되었다. 또한 타지로 이주한 주민들이 사제 선출을 통해서 종교 의식을 자신들의 언어로 지속하려는 이주민들의 의도와 요청도 있었을 것이다. 이러한 헝가리의 특수한 상황으로 인해서 정작 독일 지역에서는 공동체의 사제 선출권이 일반화되지 않았다.

가해와 피해의 이분법적 구도를 넘어서

독일 역사학계에서 중세 독일의 동방 이주는 식민 운동이자 동유럽의 독일화로 이해되었다. 반면에 동유럽의 학자들은 이를 제국주의적 침탈로 규정하면서 반독일적 해석이 지배적이었다. 이주 이전에 도시 건설이 시작되었고 독일 이외의 다른 서유럽 지역으로부터 이주민의 유입이 있었던 것으로 밝혀지면서 동방 이주의 독일적 전유는 더 이상 유효하지 않게 되었다. 제6장은 중세 헝가리와 독일 간의 이주 문제를 가해와 피해의 이분법적 구분을 넘어서 새로운 관점에서 접근하고자 하였다.

13세기 전반기에 왕이 부여한 특허장은 이주 수용국의 계획적이고 선별적인 이주정책을 고찰할 수 있는 중요한 사료로서, 이주민의 이주가 왕실의 경제적 이득 이외에 지방 세력에 대한 견제와 함께 왕권 강화와 대내적 안정을 꾀하는 정책의 일환이었음을 보여준다. 이주민 특허장이 하사된 지역이 왕국의 중심부가 아니라 주변부였다는 사실은 경계 지대의 방위가 이주정책의 또 다른 목적이었음을 시사한다. 다양한 자치권과 경제적 면책 특권을 보장한 특허장은 왕과 이주자 간의 권리와 의무를 규정하면서 이주민을 단순한 통치의 대상이 아니라 왕국 운영의 협력자로 자리매김하였다.

11~13세기에 헝가리로 유입된 독일인들은 독일 전역에서 이주했으며 이들은 독일인이기 때문이 아니라 이주자였기에 특혜를 받았다. 동방 이주는 더 이상 국가 목적 속에서 동기를 찾고 신성로마제국의 강력한 지도자 상에서 원인과 결과를 찾을 필요는 없어졌다. 이주민들은 공동 거주자concives로서 현지인뿐 아니라 여타 지역에서 유입된 여러 인종의 주민들과 잡거와 공존을 하면서 헝가리 왕국의 신민으로서 살아갔다.

앞에서도 언급했듯이 13세기 중반까지 헝가리에서는 독일 민족의 '대규모 집단 이동'은 없었고, 이주는 점차적으로 진행되었으며 우월한 문화를 전파하려는 의식도 찾기 어려우며 국가적 차원의 기획도 아니었다. 이들은 주로 가난하고 힘들게 살았던 평범한 이주민들이었다. 헝가리의 입장에서도 독일의 문물에 대한 애착보다는 자국의 경제적 활성화와 군사적 목적이 우선시되었다. 이주민들은 수세기에 걸쳐서 완전한 자치권 획득을 위해서 노력하였고, 공동체의 자유와 권리를 성문화한 13세기 전반기의 특허장은 그 시작을 알리는 신호탄이었다.

7. 내경과 외경

경계 넘기border crossing

나움부르크의 레글린디스는 폴란드에서 시집왔으나 새로운 환경에 적응하는 데 큰 어려움이 없었던 것 같다. 반면 헝가리 왕국으로 시집온 기젤라와 게르트루드는 망명과 암살이라는 불운한 삶을 살았다. 기젤라는 남편 이슈트반이 죽자 반강제적으로 그녀의 고향인 독일로 돌아가 접경 도시 파사우Passau 끝자락에 위치한 수녀원에서 경계인으로서 살아갔다. 레글린디스가 살았던 변방의 혼종성은 그녀의 새로운 정착에 도움이 되었다면, 왕국의 중심부로 이주했던 기젤라와 게르트루드는 포섭과 배제가 다투던 내경內境의 경계 투쟁을 경험했다. 이들보다 먼저 경계를 넘었던 테오파노의 사례는 전근대의 내경과 외경外境의 관계를 이해하는 데 도움이 되리라 생각한다.

결혼 이주

독일의 연대기 작가였던 메르제부르크의 티트마르는 11세기 초 무렵에 다음과 같은 흥미로운 기록을 남긴다.

> 자신들의 군주[니케포로스 포카스]를 폐위하려는 음모를 획책하던 자들은 사악한 여왕의 사주를 받고 어떤 군인으로 하여금 황제를 살해토록 하고는, 바로 그 군인을 제국의 통치자로 임명하였다. 이 신임 통치자[요한네스 1세 치미스케스]는 우리의 황제에게 배편으로 화려한 수행원과 많은 선물들과 함께 테오파노라는 이름의 질녀를 보냈는데, 사실 이 여인은 본래 우리가 원했던 신부가 아니었다. (…중략…) 그래서 황제[오토 1세]로 하여금 동맹 관계를 청산하고 신부를 되돌려 보내라고 충고하는 사람들이 있었으나, 황제는 이를 개의치 아니하고 독일과 이탈리아 귀족들의 축하 속에서 그녀를 자신의 아들[오토 2세]과 결혼하도록 하였다[서기 972년].

티트마르의 이 기록은 한 세대의 시간적 간격에도 불구하고 972년에 있었던 신성로마제국의 오토 2세와 비잔티움의 테오파노의 결혼식을 비교적 정확하게 서술한 것으로 알려져 있다. 이 결혼식은 서유럽으로 비잔틴 문화와 관습이 도입되면서 오토 왕조의 르네상스Ottonian Renaissance를 가능하게 했던 획기적인 사건으로 평가받는다. 학자들은 카롤링거 왕조 시대부터 강화되어 온 서유럽과 비잔티움과의 외교, 상업적 교류의 연장선에서 972년의 결혼을 바라보기도 한다.

여기서는 비잔틴 문화의 서유럽 전파를 국제적이고 외적인 측면, 즉 외경보다는, 독일 내부에서 문화 수용과 내경의 형성 과정에 집중하고자 한다. 이 과정에서 발생하는 문화 모방, 확산, 동화, 갈등의 다층적 관점을 통해서 경계 투쟁의 모습을 살펴보고자 하다.

950년에서 1050년 사이의 비잔티움 제국은 행정·경제·문화적 측면에서 전성기를 구가하였다. 제국은 니케포로스 포카스재위 963~969와 요안네스 1세 치미스케스969~976 황제 치하에서 정복의 시대를 맞았고, 바실레이오스 2세976~1025 때에는 그 세력이 절정에 달했다. 그 결과, 비잔티움의 영향력은 시리아, 메소포타미아 북부 지역, 동부 지중해와 발칸 반도를 넘어서 남부 이탈리아에까지 미치고 있었다. 티트마르의 언급에서처럼 비록 테오파노가 '자주색 방에서 태어난' 황실의 공주porphyrogenita는 아니었지만, 그녀는 당대 최고 실권자의 질녀였던 것이다.

반면에 신랑은 이제 막 새롭게 왕조를 창건한 오토 왕조의 후

계자였다. 이 가문은 독일 북동부에 위치했던 작센 지역의 대공 하인리히Heinrich 1세가 919년에 왕으로 등극하면서 왕가를 이루고 유럽의 정치 무대에 새롭게 등장하였다. 그의 장남 오토 1세936~973는 962년 로마에서 황제로 대관되면서 '대제'라는 칭호를 얻는다.

새로운 정권을 창출하는 과정에서 하인리히와 그의 아들 오토는 대내적으로 평화와 안정을 추구하는 데 상당한 어려움을 겪었다. 새로운 왕실과 왕권의 위상을 대내외적으로 확립하고 정치와 사회적 혼란을 극복하는 작업은 당면한 급선무였다. 대외적으로도 독일에서 이탈리아로 온 정치 새내기에게 황제권은 버겁고 유지하기 힘든 직책이었다. 이러한 상황들이 신임 황제 오토 1세로 하여금 대내외적으로 권력의 안정성을 확보하는 데 조급하게 만들었다.

이 과정에서 세속 통치자를 그리스도의 대행자christomimetai로 승화함으로써 황실의 권위와 위상을 격상시키는 비잔티움의 정치 철학은 독일의 신흥 왕가에게는 매우 솔깃한 통치이론이었다. '신의 은총을 받은 왕, 카리스마를 획득한 통치자'는 왕실의 신성화 작업에 착수하려던 오토 왕조의 통치 이념으로 적합했다. 이렇게 해서 945년 이후부터 왕권 강화 작업이 집중적으로 진행되었고, 통치권의 정통성을 입증하고 공고히 하기 위한 수단으로 황제를 미화하던 비잔티움 제국의 황제 예술을 오토 왕조가 모방·차용했다는 사실에서도 왕권 신성화의 통치 전략적 의도가 드러난다.

테오파노와의 결혼 전에 자신의 아들오토 2세을 공동 국왕957과 공동 황제967로 임명하는 '그리스적 전통mos Grecorum'을 단계적으로 답습했다는 사실도 오토 대제가 정치체제의 안정과 연속성을 위해 비잔티움의 통치 방식을 의도적으로 수용했음을 알려준다. 귀족 세력의 견제 속에서 어렵게 발돋움을 시작한 신흥 왕조에게 지속적인 왕위 계승은 무엇보다도 필요했던 정치적 안전장치였기 때문이다.

왕권의 신성화 작업이 왕에게 영적 카리스마를 부여하는 역할을 하였다면, 비잔티움 황실과의 결혼을 통한 고귀한 '피'의 유입은 새로운 개념의 왕권을 정립하였다. 이처럼 972년의 결혼은 오토 왕가의 왕권 강화를 위한 장기적이고 치밀한 기획 하에 이루어진 중세의 전형적인 정략결혼이었다. 대내외적으로 어려운 상황에서 새로운 왕조를 창건한 오토 왕가는 영적이고 계보적인 정통성을 확립하는 데 시간적 여유가 많지 않았다. 이러한 급박한 상황에서 정통 황실 소생의 공주가 아닌 황제의 질녀라는 이유로 측근들이 만류했음에도 불구하고, 오토 1세는 결혼식을 강행했던 것이다. 비잔티움 황실과의 결혼 동맹을 통해서 자신의 황제권의 정통성을 대외적으로 인정받으려는 그의 외교적 노력은 콘스탄티노플로 결혼 사절단을 세 차례나 파견했다는 사실에서도 읽힌다. 결국, 972년의 결혼식은 우월한 위치에 있던 비잔티움 황실로부터 서유럽의 황제권을 공식적으로 인정받고, 동시에 외부의 강력한 세력과 연대할 기회를 얻고자 하는 정략적 의도에서 기획되었던 것이다.

레글린디스, 기젤라, 게르트루드, 테오파노 같은 상층부 여성들에게 경계외경를 넘어 낯선 세계로 이주하는 경계 횡단은 일상적 삶의 일부였다. 경계는 이주자들이 끊임없이 횡단했던 넘어설 수 있는 문턱이지만, 테오파노는 경계 너머의 새로운 관계 속에서 타자화를 경험한다.

초경계적 문화 전파

결혼을 통한 문화 전파는 그다지 많은 시간을 필요로 하지 않았다. 결혼 직후 남편이 그녀에게 주었던 혼인 문서는 결혼식 장소인 로마에서 제작되었지만, 비잔틴산 자주색 실크에 금색 잉크로 작성되었고, 바탕 화면은 사자 몸통에 독수리 머리와 날개를 지닌 신화적 동물인 그리핀과 같은 비잔틴 문양으로 장식되었다. 비잔틴 색채가 농후한 이 화려한 문서는 서유럽의 '채색 문서'로서는 초기의 것으로 평가되며, 이는 비잔틴 황실의 문서 작성 방식과 문양을 의도적으로 모방하려는 시도로 보인다.

무엇보다도 972년 혼인 문서에 등장하는 '제국의 공동 통치consortium imperii'라는 문구는 시사하는 바가 크다. 오토 2세는 자신의 혼인 문서에서 테오파노를 '공동 통치자consors'로 대우하였던 것이다. 비록 이러한 수사적 호칭에 걸맞은 실질적 권한 이행이 남편의 생존 기간에는 이루어지지 않았으나, 983년 남편의 급작스러운 사망 이후에 그녀가 보여준 정치적 행보는 '제국의 공동 통치자consors imperii'라는 호칭이 단순한 예우가 아니었음을 보여준다.

비잔티움에서 황후는 바실리싸Basilissa 혹은 아우구스타augusta라는 명칭에서처럼 법적으로 통치자로서의 지위가 보장되었다. 특히 황제가 사망할 경우에 황후는 미성년자인 아들을 대신해서 섭정의 자격으로 사신 접견, 법률 공포, 문서 서명 등의 역할을 맡도록 되어 있다. 결혼과 함께 '공동 통치자'로 격상된 테오파노의 위상은 오토 왕실이 의도적으로 비잔티움의 법 제도와 통치 철학을 모방·수용한 사례로, 황후의 격상된 위상은 그리스도를 중심으로 좌우에 오토 2세와 테오파노를 동등하게 묘사한 비잔틴풍의 상아 부조물과 채색화 제작에서도 확연히 드러난다.

972년 이후 다른 문서 양식에도 변화가 있었다. 974년 4월 29일에 발행된 한 문서에서 테오파노는 "coimperatrix augusta nec non imperii regnorumque consors"로 명명된다. 이는 비잔틴식 호칭

augusta의 영향이 확연해지는 사례로, 서유럽 황후의 위상이 격상되었음을 보여준다. 이처럼, 위상 강화를 통해서 비잔티움 황실과 동등한 위치에 서고자 했던 오토 왕조 내부에서 972년 이후 비잔틴풍의 문서들이 의도적으로 생산되었고, 테오파노는 그 중심에 있었다.

섭정에 대한 명확한 법적 선례와 규정이 부재했던 불안한 상황에서 남편이 사망하자 테오파노는 남편 친척들의 견제와 공격에도 불구하고 아들오토 3세을 대신해서 섭정을 성공적으로 수행하였다. 그녀의 이러한 공적은 이미 당대인들로부터 높은 평가와 칭송의 대상이 되었고, 현대의 역사가들도 서유럽, 슬라브 지역, 이탈리아에서 보여준 그녀의 탁월한 정치적 역량을 비잔틴 특유의 국제적 정치 감각으로 돌리기도 한다. 그녀의 섭정 통치는 차후에 오토 왕가와 이후 잘리에르 왕가에서 왕후들에 의한 섭정의 전통을 만든 사례로 기억된다.

섭정 기간에 테오파노의 독자적인 정치 행보는 990년 1월 2일에 발행된 문서에서 다시 한 번 더 확인된다. 이 문서는 그녀의 이름Theophanu divina gratia imperatrix augusta으로 발행되었고, 아직 미성년자였던 아들 오토 3세는 발행연도를 명시하는 과정에서 잠시 언급되었을 뿐이다. 그녀는 3개월 뒤에 자신의 이름으로 또 다른 문서를 발행하는데, 흥미롭게도 스스로를 'Theophanius gratia divina imperator augustus'로 지칭한다. 여기서 그녀는 여성형 명사imperatrix 대신에 남성 통치자를 의미하는 'imperator augustus'로 명시된다. 심지어 자신의 이름조차도 남성형Theophanius으로 명기했다. 이러한 표기 방식은 그녀의 고향 비잔틴 황실의 전통에서 찾을 수 있는데, 이미 8세기의 이레네 황후는 스스로를 'basilissa'의 남성형인 'basileus'로 지칭한 바 있다.

990년에 발행된 위의 두 문서는 호칭뿐 아니라 황후의 이름으로 문서를 발행했다는 사실에서도 매우 이례적인 사례이다. 독일 지역에서 이전까지 여성 통치자가 문서를 자신의 이름으로 발행한 경우가 없기 때문이다. 또한 이후에도 독일 지역에서 황후들이 독자적으로 법률적 효력을 지니는 문서를 발행한 바가 없다. 이러한 점에서 테오파노의 결혼과 정착은 신성로마제국의 역사에서 하나의 분절articulation이자, 이질적 문화가 유입되고 전파되는 시작점이었다.

물론 언급된 두 문서가 고대 로마와 비잔틴적 전통이 강하게 남았던 이탈리아, 특히 라벤나 지역에서 발행되기는 하였지만, 개인적으로 그녀의 정치적 행보는 '여성 황제'로서 자신의 입지를 확고히 하려고 했던 것 같다. 이 역시 비잔틴적 전통에 근거한 것 또한 사실이다. 그녀가 비잔티움의 통치 유형을 서유럽 사회에 의도적으로 도입하려 했는가에 대해서는 알려진 바가 없다. 하지만 당시 서유럽 곳곳에서 비잔틴식 호칭, 어의, 왕권의 상징물 등을 '앞다투어' 모방했다는 점에서, 972년 이후 공문서 작성 방식과 호칭의 변화를 문화 모방의 양상으로 이해할 수 있을 것이다.

비잔틴 문화를 동경하고 이를 차용한 사례는 테오파노의 문서 발행과 정치적 행보에만 국한되지 않았다. 결혼 후에 남편인 오토 2세가 그리스어-라틴어의 이중 언어로 동시에 표기된 시편bilingual Psalter을 교본으로 그리스어를 학습했다는 사실은 변화된 문화 인식을 대변한다. 반면, 라틴어에 익숙하지 않은 며느리를 위해 시어머니 아델하이드가 당대의 두 제국 언어인 라틴어와 그리스어로 병기한 서적을 제작하였다는 사실은 오토 왕실에서 이중 언어 사용bilingualism의 여건이 조성되었음을 암시한다. 아래에서 보듯이, 에센Essen이나 쾰른Köln 등지에서 그리스어를 병기한 다양한 서적들의 필사는 당대에 그리스어 학습의 필요성에 대한 공감대가 형성된 결과였다.

아들의 교육과 성장에도 모친의 문화적 배경이 영향을 주었으며, 특히 영험한 정교 수도자들을 정치적 조언과 영적 도움을 주는 멘토로 정하는 비잔틴적 관행은 오토 3세에게도 이어졌다. 다양한 기회를 통해서 공개적으로 천명된 그의 성모 공경심은 아들에 대한 어머니의 문화적 영향 때문이었다. 그는 또한 이탈리아 남부 출신의 그리스 정교회 수도사이자 자신의 고해 신부였던 그레고리오Gregorio da Cerchiara로 하여금 제국의 중심부인 아헨 인근에 브루트샤이트Burtscheid 수도원을 건립하도록 하고, 정교회의 성인 아폴리나리스Apollinaris와 니콜라오를 수호성인으로 삼았다. 그리고는 어머니가 고향에서 가지고 온 니콜라오 성인의 성화를 그곳에 모셨다. 이후 그레고리오가 이곳 수도원의 원장으로 활동하면서, 이탈리아 남부에서부터 불어온 그리스 정교의 영성은 독일 중서부 지역으로까지 서서히 파급되었다.

오토 3세는 '반半 비잔틴 사람'이라는 지적처럼 그는 모호한 정체성을 가진 다중적 주체였다. 오토 스스로도 비잔틴의 세련된 문화와 예술적 수준과 비교해서 작센이 얼마나 후진적이었는지를 인식하고 있었다. 그는 내경이 만들어낸 문화적 경계 지대에 살면서 양쪽 문화를 배타적인 양자택일의 논리가 아닌 양자병합의 논리로 중재하고자 했다. 비록 오토 3세가 22세의 나이에 요절하면서 성사되지는 못했으나, 비잔틴 황실의 공주가 처음으로 서유럽의 통치자와 결혼하기 위해서 1002년 초에 바리Bari로 왔을 정도로 테오파노의 사망991 이후에도 오토 왕가와 비잔틴 황실은 여러 면에서 긴밀한 관계를 지속한다.

내경의 확산

테오파노는 이방인으로서 신성로마제국의 중심부에 주변부내경를 형성한 것이다. 낯선 땅으로 시집을 온 '외국인' 여성에 대한 일부의 시선은 차가웠다. 무엇보다도 남편의 사망 후에 섭정을 둘러싸고 불거진 시어머니와의 불편한 정치적 관계 역시 테오파노에게는 부담이 되었다. 중심과 주변은 공간적으로는 근접해 있으나 심성적으로는 대립 내지는 분리되어 있었다.

이러한 여건에도 테오파노나 그녀와 함께 비잔티움에서 온 사람들은 곳곳에 문화 전파자로서 흔적을 남겼다. 그녀가 자신의 수호성인으로 공경했고 결혼하면서 성유물을 가져왔을 정도로 성 판탈레온St. Pantaleon은 그녀의 종교 생활에서 매우 중요한 부분을 차지한다. 쾰른에 위치한 성 판탈레온 교회 역시 그녀를 통해서 이 동방 성인의 유물을 안치하게 되었고, 이는 지속적인 공경의 대상이 되었다. 당시까지 독일 지역에서 알려지지 않았던 니콜라오, 데메트리오, 디오니시오, 알렉시오와 같은 동방 교회의 성인들이 서방에 소개된 것도 그녀이거나 혹은 그녀를 수행했던 사람들에 의해서였던 것으로 알려져 있다. 독일의 몇몇 교회는 이들 성인들에게 봉헌되면서 이들의 성유물이 안치되기도 하였다. 성유물들 중 일부는 아마도 그녀가 혼수품으로 직접 가져왔을 가능성이 있다.

이렇게 해서 그녀는 당시로서는 문화적 변방이었던 독일 북부 지역에 비잔틴 문화를 전파하는 외교적 역할을 수행하였다. 궁정과 교회 건물을 콘스탄티노플에서 유행하던 방식으로 치장하도록 지시했다는 일화는 문화 전파 과정에서 그녀의 역할이 잘 드러난다.

무엇보다도 테오파노의 결혼으로 10세기 말엽부터 독일을 중심으로 성모 마리아 공경이 서유럽에서 점점 더 강화되었을 정도로 그녀는 비잔틴 문화의 전도사 역할을 수행하였다. 마리아 공경과 성모에게 봉헌된 예술품 제작 주문은 콘스탄티노플 황실의 전통으로, 이는 비잔티움에서 성모에 대한 대중적 믿음이 확산되는 계기가 되었다. 이곳 출신의 테오파노도 마리아와 관련된 상당수의 작품들을 '혼수품'으로 가져왔다고 하고, 이후 여성들의 적극적인 성모 공경으로 인해서 이와 관련된 비잔틴 예술품들은 다양한 경로로 유입되기 시작했다. 오토 왕조의 궁정이었던 작센 지역의 멤레벤에 수도원을 세우고 이를 성모 마리아에게 봉헌했던 인물도 바로 테오파노였고, 이렇게 해서 마리아 공경은 독일 북쪽 지역까지 전파·확산될 수 있었다.

비잔틴의 예술품과 고급스러운 직물들이 광범위하게 유포되었고, 귀족사회에서 비잔틴 양식의 좌우 대칭적 인물 묘사symmetrical double portrait와 무릎을 꿇고 경배를 드리는 장궤 배례長跪拜禮, proskynesis가 유행했다는 사실, 그리고 왕실의 권위를 드높이는 어깨부터 허리에 비스듬히 걸친 화려한 장식띠loros의 착용, 이러한 시각적 효과는 비잔틴 열풍의 결과였다. 그러나 알려진 것과는 달리, 독일 지역의 비잔틴 문화 전파는 테오파노의 아들 오토 3세를 통해서 확산된 것 못지않게, 세 명의 딸과 외손녀 등의 왕조 여성들을 통해서 수용되고 전파되었다.

경계를 넘는 여성 연대

테오파노가 남편과 자주 방문하면서 다양한 형태의 기증을 하였던 간더스하임Ganderheim 수녀원은 비잔티움 문화가 스며든 곳 중의 하나일 것이다. 특히 테오파노가 수녀원에 토지와 필사본 등의 기증을 하고 개인적으로 자주 방문할 당시에 이곳의 수녀였던 흐로츠비트Hrotsvit가 남긴 글들은 비잔틴 교회의 성인전들을 바탕으로 작성되었다는 사실에서 당대의 문화 교류적 흐름을 읽을 수 있다. 테오파노와 이 수녀원의 긴밀한 관계는 자신의 둘째 딸인 소피아를 이곳에서 교육받게 했고, 지적으로 매우 탁월했던 딸이 차후에 수녀원의 원장1002~1039이 되었다는 사실에서 더욱 확연해진다.

간더스하임 수녀원이 독일 북부 지역의 비잔틴 문화의 보루였다는 사실은 흐로비츠의 동료이자 수녀원장이었던 게르베르가Gerberga, 956~1001의 그리스어 구사 능력에서 확인할 수 있다. 가르베르가는 그녀의 언니Hadwig가 비잔티움 황실과의 혼담이 오고가고 있던 상황에서 함께 그리스어를 배웠다고 한다. 이러한 비잔티움 문화의 동질성은 테오파노와 게르베르가를 각별한 관계로 만들었고, 이들은 왕국의 중요한 국정을 논의하였던 '여성들의 모임colloquim dominarum'에서 긴밀한 관계를 지속하였다. 간더스하임은 오순절 미사를 그리스어로 거행하였을 정도로 비잔틴 문화를 보존하는 중추적인 역할을 수행하였다.

소피아는 1012년에 오토 왕실의 또 다른 수녀원이 에센에서 1029년까지 원장직을 겸직하였다. 본래 테오파노의 막내딸로 이 수녀원에서 생활하던 마틸데Mathilde가 이곳의 원장직을 맡을 계획이었으나, 그녀가 지역의 유력자와 결혼하게 되자, 언니인 소피아가 수녀원장직을 수행하게 된다. 이곳은 971년에 사망한 수녀원장의 비문이 그리스어로 작성될 정도로 그리스어가 중시되었던 수녀원으로 알려져 있다. 특히 973년에서 1011년까지의 수녀원장은 그리스어와 라틴어 모두 능통했다고 하니, 테오파노의 딸 소피아가 원장으로 오기 전부터 그리스어는 수녀들의 교육 과정에 포함되었을 것이다.

이러한 개연성은 이곳에서 주기도문pater noster을 그리스어로 암송했다는 사실에서 더욱 높아진다. 흥미롭게도 10세기 말엽에 이곳에 3명의 비잔틴 출신 여성이 머물렀던 사실이 확인되는데, 안토코네이아Antokoneia, 안테포나Antephona, 소피아Sophia라는 이 여성들의 역할을 확정하기는 어렵지만, 아마도 이들은 테오파노 황후를 콘스탄티노플에서부터 수행하였던 인물들로서 황후의 주선으로 이곳에 체류했던 것으로 보인다. 어쩌면 이들의 손에서부터 앞에서 언급된 오토 2세의 그리스-라틴어 시편이 필사되었을 수도 있다. 이러한 문화적 전통 속에서 소피아의 주문으로 동일한 그리스-라틴어 시편이 또 다시 필사되었고, 테오파노가 자주 머무르고 추후에 그녀의 묘소가 마련되었던 인근의 쾰른에서도 동일 형태의 시편이 제작되었다.

소피아의 뒤를 이어 에센 수녀원은 황후의 외손녀, 즉 테오파노의 막내인 마틸데의 딸이 수녀원장으로 재임하게 된다. 그녀의 이름 역시 외할머니의 이름과 동일한 테오파노로, 1029~1058년 사이에 원장직을 수행하였다. 그녀가 주도하여 완성한 수녀원 성당의 서쪽 정면부는 라벤나의 성 비탈레 성당을 연상시킬 정도로 비잔틴 건축 양식을 모방했다. 테오파노와 외손녀의 관계는 비잔틴 문화가 여성을 통해서 보존과 전파되었다는 점에서 흥미롭다. 테오파노가 에센 수녀원에 기증한 성경Theophanu-Evangeliar이 성모 마리아에게 봉헌되었다는 사실은 그녀의 외할머니 때부터 서유럽에서 강화되었던 마리아 공경 풍조가 손녀에 의해서도 계승되었음을 시사한다.

테오파노 원장은 에센 수녀원에 성모에게 봉헌된 성경 외에도 십자가Theophanu-Kreuz를 기증하는데, 이를 제작하는 데 사용되었던 에나멜은 비잔티움에서 직수입되었거나 비잔틴의 독특한 제작 방식에 의해서 독일 지역에서 만들어진 것들이다. 비잔틴 양식의 건축물과 예술품 제작을 위해서 비잔티움에서 온 장인들이 활동한 것으로 알려진 에센 수녀원은 할머니와 어머니, 외손녀로 이어지는 모녀 3대를 거치면서 비잔틴 문화의 수용·보존·확산의 중심지가 되었다.

간더스하임, 에센과 더불어 오토 왕가의 대표적인 수녀원으로 알려진 크베들린부르크의 경우, 984년에 수녀원 재정을 키밀리아르케Kimiliarche라는 비잔틴 출신의 여성이 담당했을 정도로, 테오파노 황후와 깊은 연관이 있던 장소이다. 무엇보다도 수녀원의 원장 마틸데968~999는 오토 2세의 누이이자 테오파노의 시누이로, 그녀는 테오파노가 시어머니 아델하이드와 불편한 관계를 유지할 때조차도 '외국'에서 온 테오파노의 편에 섰다. 수녀원을 매개로 형성된 왕실 여성과의 이러한 연대는 타지에서 온 테오파노의 정치적 입지를 강화하는 데 중요한 발판이 되었다.

이 수녀원의 소장품 목록에는 비잔틴산 실크 망토 외에도 상당수의 비잔틴 물품들이 있었는데, 이들 중 일부는 테오파노의 혼수품 중 일부로 그녀가 수녀원에 기증했던 것으로 알려져 있다. 특히, 크베들린부르크는 마틸데가 테오파노와 함께 독일 지역에서 마리아 공경을 본격적으로 강화하는 과정에서 중추적인 역할을 하였다. 마틸데의 뒤를 이어 이 수녀원에서 교육을 받던 테오파노의 장녀아델하이드가 수녀원장직999~1043을 맡게 되면서, 이곳은 작센 지역에서 비잔틴 문화의 보루로 인식되었다.

그리스 정교 성인의 공경 전통은 딸들에게까지 이어졌다. 테오파노의 막내딸 마틸데가 쾰른 인근에 설립한 브라우바일러Brauweiler 수도원도 니콜라오 성인에게 봉헌되었다. 이곳에 안치된 성인의 유골 역시 테오파노 황후의 혼수품의 일부였던 것으로 알려져 있다. 이렇게 해서 니콜라오 성인은 왕가의 수호성인으로 받들어졌고, 니콜라오 성인 공경이 서유럽에 확산되면서 브라우바일러 수도원은 클레르보의 베르나르를 포함한 많은 사람들의 순례지가 되기도 하였다.

성모 마리아와 정교회의 성인을 수호성인으로 선택한 교회와 수도원 설립, 성유물 기증, 정교회 수도사와 학자 초빙, 정교회 전례 의식 장려, 그리스어 서적 필사, 비잔틴 예술가 초청과 예술 작품 제작 지원. 테오파노의 이러한 적극적인 문화 진흥 사업은 비잔틴의 문화가 독일 내부로 수렴되는 데 중요한 계기가 되었다. 특히, 그리스어의 사용과 자녀들의 이중 언어 습득, 비잔틴 문화와의 지속적인 접촉은 테오파노의 문화적 정체성 구축과 강화에 기여하였다. 수도원을 세우고 다양한 형태의 기증을 하는 것이 오토 왕가의 여성 통치자들의 공통적인 현상이었지만, 테오파노의 경우에는 비잔틴 문화와 서유럽 문화를 동시에 지향하는 통합 지향적 모습을 보였다.

또한 그녀는 현지 문화에 일방적으로 동화되기보다는 현지 문화를 포용하고 상호 작용하면서, 동시에 모국 문화를 적극적으로 전파하는 역할을 수행하였다. 무엇보다도 왕가와 귀족 여인들이 모여 살았던 종교 공동체의 문화와 종교적 중요성, 그리고 왕을 지척에서 보좌했던 왕비와 공주들의 막강한 정치적 위상을 고려해 볼 때, 테오파노를 중심으로 한 이들 여성들의 문화 활동은 독일 지역에서 비잔틴 문화가 보존되고 전파되는 데 중요한 의미를 지닌다.

경계 투쟁

클뤼니 수도원의 오딜로는 서기 1000년경에 작성된 글에서, 테오파노가 죽자 "그녀의 시어머니가 매우 행복해[felixque]했었다"고 전한다. 아델하이드를 '가장 존경받는 황후'로 칭송하였던 그는 테오파노를 지칭할 때는 그녀의 이름조차 언급하지 않고, 대신에 '이 그리스 출신의 황후'로 불렀다. 그녀의 출신지에 대한 반복적인 언급은 자신들의 삶에 끼어든 이방의 여인을 불편하게 여겼기 때문이다.

이처럼 테오파노에 대한 후대의 평가는 호의적이지 않았다. 아델하이드가 1077년에 시성된 것과 달리 테오파노는 성녀의 칭호를 받지 못했다. 하인리히 1세의 부인이자 아델하이드의 시어머니인 마틸데 역시 시성되었고, 오토 3세의 뒤를 이어 왕위를 차지한 하인리히 2세의 부인 쿠니군데Kunigunde도 사후 백 년이 지난 1146년에 시성되면서, 오토 왕가의 모든 왕비들이 성녀로 추앙되었다는 사실은 테오파노에 대한 후대의 기억이 예외적이었음을 말한다. 실제로 그녀 개인에 대한 연대기 작가들의 악담과 비잔틴 문화에 대한 적대감은 적지 않았다.

'말 많은 수다쟁이이자 변덕이 심한 그리스 여성'이라는 11세기의 묘사는 이방인이자 여성이었던 테오파노에 대한 후대의 평가를 함축한다. 독일 남부에 있는 성 에메람Emmeram 수도원의 오틀로Otloh의 평가는 더 가혹했다. 오틀로가 테오파노를 비난한 이유는, 그녀가 '독일' 여성들도 사치의 죄악에 물들도록 했기 때문이다. 그는 꿈에서 테오파노의 환영을 보았다는 한 수녀의 이야기를 전하면서, 자신을 그리스 출신의 황후로 밝힌 테오파노가 "생존시에 사치스러운 생활로 인해서 죄를 짓고 저승에서 견딜 수 없는 고통을 받고 있음"을 고백했다고 한다. 그래서 이 수녀에게 자신의 혼령을 위해서 기도해 줄 것을 애원했다는 것이다. 테오파노가 죽고 이미 반세기가 지난 뒤에 기록된 이 일화는 외래 문화를 소개한 여성에 대한 적개심을 그대로 드러내고 있다.

오틀로와 동시대의 인물인 페트루스 다미아니가 테오파노가 정교회 수도승과 불륜을 저질렀다는 언급을 했을 때는 비잔티움 출신의 여성에 대한 뿌리 깊은 편견이 다시 반복될 뿐이었다. 11세기 초반의 서유럽에서는 테오파노와 비잔틴 문화에 대해 강한 적대감이 지속적으로 표출되었다. 비잔틴 여인들이 사용했던 백리향과 같은 방향제가 전염병의 원인이 되었다는 소문은 외래 문물과 이국 여성에 대한 선입견을 드러냄과 동시에 이는 일종의 외국인 혐오xenophobia에 가깝다.

테오파노에 대해서 상대적으로 호의적이었던 티트마르조차 오토 왕실 내에서 벌어지는 변화의 움직임들을 회의적으로 바라보았다. 그에게 있어 테오파노가 주도한 변화는 너무도 낯설고 급진적이어서, 새로운 관행nova norma이 황금비의 중용aurea mediocritas을 대체한다고 생각했다. 그래서 전임 황제오토 1세를 따르던 자들은 이러한 새로운 관습을 존중하려 들지 않았다는 것이다. 사람들은 옛것을 진리와 정의로 섬기고자 했다. 외경을 넘어서 중심부로 들어온 유동적 존재들이 생산한 문화 혼종과 정체성 혼란이 경계 투쟁을 강화한 것이다.

심지어 황제 오토 3세의 이국적 취향도 궁정 사람들의 따가운 시선을 피하기 어려웠고, 특히 정교회의 금욕주의적 전통을 따르려는 그의 태도에 대해서는 논란이 많았다. 무엇보다도 1054년의 동서 교회의 대분열로 인해서 반反 비잔틴적 담론이 등장했고, '허풍쟁이 그리스Grecia mendax'와 같은 부정확한 편견과 '적대적인 고정관념'이 양산되었다.

레글린디스, 기젤라, 게르트루드, 테오파노 같은 상층부 여성들에게 경계외경는 이주자들이 끊임없이 횡단했던 접경 공간이었지만, 이들은 경계 너머의 새로운 관계 속에서 다양한 정체성을 재구성해야만 했다. 변방의 혼종성은 수많은 경계가 조우하면서 제3의 대안적 정체성을 재구성하는 가능성을 열어주었지만, 중심부로의 경계 횡단은 기존 관행과 권력 관계를 뒤흔들면서 내적 경계 투쟁의 파열음을 내었다. 외경을 넘어서 중심부로 들어온 유동적 주체들을 향한 배타성과 폐쇄성이 강화된 것이다. 변방의 다층적·다중심적 접경성은 새로운 내경을 사회적으로 수렴했지만, 차이와 모순을 부정하는 중심의 획일성은 자아와 타자의 경계선을 두텁게 그었다.

8. 분쟁에서 소통의 국경으로

주변화된 국경

국경을 보는 시각은 다양하다. 영토 순결주의는 국경 지대의 시원적이고 배타적 전유를 주장한다. 이는 중심이 주변을 기획하고 규정했으며 통제 가능했다는 중심의 헤게모니에 근거한다. 국경의 이종적 다양성은 불분명하고 무정형적이기 때문에 정치와 문화적 야만으로 간주되고, 그 결과 중심 헤게모니의 종속적 대상에 불과하다는 것이다. 이러한 근대적 국경론은 중심-주변이라는 이분법의 인식틀에 의존하였다.

하지만 역사적으로 주변과 중심은 서로 밀고 당기면서 얽히게 되었다. 중심과 주변의 변증법적 이항 대립은 양자의 상호 보완적 관계를 형성하기도 한다. 따라서 중심에서 구축된 지배 질서가 주변을 규정하고, 역으로 주변에서 형성된 질서가 중심을 변화시키면서 양자가 서로를 보완함을 역사가 입증한다. 중심과 주변의 관계는 길항적이기도 하지만 상호 전치의 관계에 있다고 할 만하다.

미국의 역사학자 프레더릭 잭슨 터너는 고전적 저서 『미국사와 변경』에서 "19세기 미국 서부 프런티어변경의 변화가 역으로 중앙 연방정부의 행정 체계를 바꾸었다"는 사실을 확인한 바 있다. 서부 개척은 민족적 혼종성과 종파적 다양성을 가능하게 했고 여기서부터 '변경 민주주의' '개척자 민주주의'가 탄생하면서 진정한 미국이 출현할 수 있었다는 말이다.

경계 투쟁

제2차 세계대전으로 오데르-나이세 국경선이 잠정적으로 인정되고 이 지역에 살던 수백만 명의 독일인 강제 이주가 결정되면서 국경선 문제는 양국 간 최대 현안으로 떠올랐다. 폴란드와 국경을 접하고 있던 동독 정부는 소련의 압력으로 국경선을 인정하고 독일-폴란드 관계 정상화를 시도했던 반면에, 서독 정부는 이 국경선을 공식적으로 인정하지 않았다.

변화의 첫 물꼬는 빌리 브란트Willy Brandt 수상이 추진한 동방정책

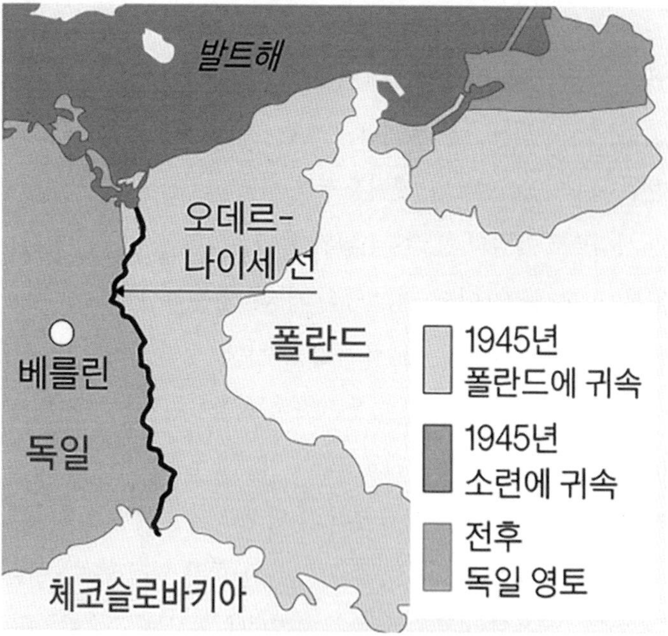

그림 9_ 발트해에서 체코까지 남북으로 이어지는 472km의 국경선 획정으로 폴란드는 남한 면적보다 넓은 땅을 패전국 독일로부터 양도받았다. 이곳은 곡창지대이자 철강·석탄 산지로서 공업지대였다.

Ostpolitik의 화해 정치에서 트였다. 국경선을 인정하고 현존 국경의 불가침을 확인하는 1970년의 바르샤바조약으로 서독과 폴란드의 외교 관계가 수립되면서 양국 관계는 미래지향적으로 발전할 수 있었다. 이로써 동·서유럽의 긴장 완화와 화해를 위한 토대가 구축되었고, 1990년 독일 통일 이후 오데르-나이세/오드라-니사 국경선은 통일 독일과 폴란드의 국경선으로 재천명된다.

1970년대 동서 데탕트와 유럽의 평화 질서 구축이라는 시대적 상황 속에서 독일 학계에서도 국경에 대한 개념의 변화가 예상되었다. 동부 국경, 즉 엘베에서 오데르-나이세강에 이르는 지역은 '슬라브인의 심장'으로 불리던 곳으로 오래전부터 슬라브인들이 거주하던 지역이었으나, 엘베강 동쪽 지역부터 진행된 중세의 개간 사업으로 독일의 영토에 편입된다. 기존의 국경 연구는 전쟁·정복·선교·문명·이주·정착 등의 개념을 동원해서 국가국경 팽창론을 단언했다. 중세에 진행된 독일 동부로의 팽창 과정을 19세기 독일 역사가들은 문명이 야만을 지도하는 '동유럽 식민지화'로 명명했고, 바이마르 시대의 대표적인 역사학자 함페Karl Hampe는 동방진출Zug nach Osten을 '중세 독일 민족의 위대한 식민 사업'으로 칭송했다. 제2차 세계대전 이후 독일의 법제사학자 슐레징어는 이를 처음에는 '동유럽 이동Ostbewegung', 1972년에 와서는 '동유럽 이주Ostsiedlung'로 새롭게 정의하였고, 최근 학계는 '영토 개간Landesbau'으로 기술한다.

국경 화해

접경 지대를 둘러싼 해묵은 역사 논쟁도 1970년대 이후 점차 타협의 실마리를 찾고 있는 듯했다. 폴란드의 경우, 제2차 세계대전 이후 크라카우와 바르샤바를 중심으로 관성적 통념의 틀을 깨기 시작했다. 이곳으로부터 포즈난대학교의 연구 성과들에 대한 수정주의적 해석이 등장하면서, 독일·폴란드 간의 역사 대화의 물꼬가 트이기 시작한 것이다. 양국 간에 큰 이견을 보였던 중세사 해석과 관련한 대화를 주도했던 지엔타라Benedykt Zientara가 이러한 분위기 속에서 활동하기 시작한다. 그는 1960년대부터 '독일의 동방 팽창'과 관련된 기존의 일반화된 고정관념을 비판적으로 고찰하기 시작했다.

서독의 경우, "독일이 동유럽에서 벌이는 전쟁은 민족 말살 전쟁이 아니라 수천 년의 역사가 입증하는 질서를 독일인 중심으로 다시 세우고 있음"을 역설하던 아우빈이 1953년 독일 역사학회 회장에 취임하는 등 인적 연속성 문제가 고스란히 남아 있었다. 특히 최근에 붉어진 쉬더와 콘체에 대한 논쟁은 아직도 전후 학계의 과거사 청산이 미진했음을 보여주는 사례이다. 그럼에도 불구하고, 양측은 '회랑 지역'과 같은 접경 지대 문제에 대해서 새롭게 접근하려는 움직임을 보였다.

1960년대에 슐레징어가 사료에 근거한 연구를 통해서 '동유럽 이주Ostsiedlung'라는 대체 용어를 사용하면서, 애국주의적 색채가 농후한 '독일의 동유럽 연구'는 서서히 극복되는 듯했다. 그의 영향을 받은 프리츠W. H. Fritz는 '게르마니아 슬라비카'라는 개념을 통해서 경계 지대의 점진적인 동화 과정을 조사하였다. 이 개념은 슐레지엔, 포메른 같은 독일-폴란드 접경 지대에서 게르만 문화와 슬라브 문화가 중첩되면서 문화 융합 현상이 나타나고, 그 결과 독자적인 지역 문화가 태동했음을 설명한다. 국경의 영토 순혈주의가 해체되는 순간이다.

전문 역사가들의 이러한 시도는 학교 교육에도 그 영향을 미치게 되었고, 그 대표적인 사례가 독일-폴란드 역사 교과서 대화이다. 전후 독일과 폴란드 사이에 냉전의 차가운 분위기가 지배하고 있던 시기에, 개인적 차원이나마 분쟁 지역에 대한 역사 대화의 가능성이 모색되었다. 그 시작은 1956년 46항목의 테제를 제시한 엔노 마이어Enno Meyer에서 비롯되었다. 무엇보다도 자국 중심적 역사 해석에 비판의 목소리를 내면서 양국의 학자들을 역사 대화의 장으로 이끌었다는 점에서 마이어의 시도는 중요한 의미를 지닌다. 오랫동안 정설로 받아들여졌던 동게르만인의 독일인 조상설과 관련해서, 마이어는 이 주장이 제1차 세계대전에 패한 독일이 새로 독립한 폴란드에 동부 영토를 양도해야만 하는 상황에서 구축되고 생산된 거짓 담론이었음을 밝혀낸다. 하지만 이러한 선전용 주장은 이미 19세기 중반부터 통용되었던 것으로 보이며, 1850년에서 1918년 사이에 사용되었던 교과서 110권 중 약 3분의 2가 게르만인과 독일인을 동일시하였다.

독일인들의 동부 이주에 대해서도, 마치 사람이 살고 있지 않았던 황무지를 '토지 개척Landnahme'을 통해서 독일인이 개간한 것처럼 서술하는 기존의 관점도 비판되었다. 마이어의 테제는 폴란드 역사가들로부터 호응을 받게 되고, 이에는 1956년 흐루쇼프의 스탈린 비판, 포즈난 노동자 봉기, '10월의 봄', 1957년 폴란드 집권당 제1서기의 서독과의 정상화 희망 표현 등, 당시의 정치적 상황도 한몫하였다. 폴란드 측에서는 중세사학자 라부다Gerard Labuda가 주축이 되어, 기존의 "편견과 적대감이 많이 누적되었던" 역사학계의 분위기에 대한 자성의 목소리가 들리기 시작하였다.

그러나 서독과 폴란드의 역사 대화는 빌리 브란트의 신동방정책으로 획기적인 전기를 맞게 된다. 1970년 서베를린에서 개최된 '폴란드 교과서에서의 독일'이라는 제목의 학술회의에 처음으로 라부다, 마르키에비치Władysław Markiewicz 같은 폴란드의 저명한 학자들이 참석하면서, 양국 간의 역사 대화에 청신호가 켜지기 시작했다.

1972년 2월 22일부터 26일까지 바르샤바에서 서독과 폴란드의 역사, 지리, 교육학자들이 모여 제1차 독일-폴란드 교과서 회의가 개최되었고, 4월의 제2차 회의에서는 16개 항의 논제에 대한 양국 학자들의 검토가 이루어졌다. 그러나 가장 첨예한 사항이었던 슐레지엔, 포메른 경계 지대 문제에 대해서는 양측의 합의가 어려웠고, 주요 쟁점들에 대해 양국의 상이한 해석들을 병렬적으로 열거하는 데 만족했다. 1977년 초에 독일어와 폴란드어로 동시에 출간된 『서독과 폴란드의 역사 및 지리 교과서를 위한 권고안』 초판이 발간되기까지 10여 차례의 회의가 독일과 폴란드를 번갈아 가며 개최되었으나, 슐레지엔과 포메른 관련 국경 문제는 "상이한 해석들을 병렬적으로 서술"하는 데 그쳐야 했다.

그림 10_ 독일과 폴란드 역사 화해의 주역인 엔노 마이어와 베네딕트 지엔타라.(출처: 좌nwzonline / 우wikipedia)

비록 국경 지대에 대한 '두 개의 상이한 시선'을 확인하는 데 머물러야만 했으나, 몇 해에 걸친 양측의 역사 대화는 서로에 대한 바른 지식과 이해를 촉진시키고 민족 간의 갈등을 해소하는 데 기여한 것으로 평가된다. 회의가 진행되는 동안 민족적 편견을 극복하고 상호 신뢰 관계의 구축을 통한 순수한 학문적 대화가 가능해졌기 때문이다. 그 결과 '중세 독일-폴란드 관계사에서 슐레지엔과 포메른의 역할'을 주제로 하여 1979년 폴란드 올슈틴Olsztyn에서 개최된 학술회의의 성과가 단행본으로 간행되었다. 이는 양국의 전문가들이 초국가적 관점에서 국경의 역사를 공동으로 다루었다는 점에서 큰 의미를 지닌다.

오늘날 독일과 폴란드 사이에서 슐레지엔/실롱스크, 포메른/포모제에 대한 역사 영유권 주장은 더 이상 제기되지 않는다. 분쟁의 역사를 극복하고 공존의 역사가 새로운 담론으로 등장하기까지 양측의 역사가들이 기울인 노력은 관심의 대상이 되기에 충분하다. 대략 아래와 같은 상호 이해를 위한 학술 교류가 있었기에 창조적인 역사 대화의 장이 마련될 수 있었을 것이다.

흑백 논리의 지양

1970년 이후 폴란드와 독일의 역사학자들은 민족주의 역사학의 한계를 인식하고 새로운 차원에서 국경 지대 역사를 이해하려는 노력을 하였다. 이를 위해 먼저 국경의 역사에 대한 흑백 논리는 문제의 해결점이 될 수 없다는 공감대가 형성되었다. 기존의 역사가들은 게르만적 전통과 슬라브적 전통이 국경 지대에서 보여주었던 유사성보다는 차이점을 부각시키는 전략에 익숙해 있었다.

로데Gotthold Rhode의 지적대로, 중세 독일 동방 식민 팽창에 대해서는 중세 독일의 위대한 업적과 불행을 초래한 침략이라는 두 개의 상이한 시선이 교차할 뿐이었다. 이러한 자아와 타아의 분리 전략은 타자화의 수준을 넘어선 감정적인 대립 양상으로까지 이어져, 상대편은 모든 고통의 근원인 '악마적 존재'로 그려졌다. 부정적인 고정관념이 사회 전반에 확산되면서 폴란드의 제롬스키Stefan Żeromski는 자신의 소설에서 정복 욕, 사악함, 오만함에 사로잡힌 독일인들을 '악마Smętek'로 의인화하였다. 악순환의 모순은 끝날 것 같지 않았다.

자국의 입장에서 국경 문제에 접근하는 시도는 문제 해결에 긍정적인 답을 주기 어려울 뿐이었다. 슐레지엔과 포메른의 국경 지대을 자민족사의 영역으로 무리하게 귀속시키려는 양측 역사학자들이 근거로 내세운 역사적 사실 자체가 역사적 분쟁의 산물이기 때문이다.

1970년대부터 양측의 역사가들은 편향적 논조를 담기 쉬운 중세 연대기와 같은 사료의 선택과 해석에서부터 주의를 기울여야 한다고 보았고, 그 결과 조금 더 객관적인 국경사 연구가 가능해졌다. 우선 독일 측에서는 로마 제정기에 폴란드 지역에 거주하던 동게르만인이 독일인의 조상이라는 주장에 더 이상 연연해 하지 않는다. 이러한 역사 해석은 제1차 세계대전에 패한 독일이 새로 독립한 폴란드에 동부 영토를 양도해야만 하는 상황에서 선전용으로 만들어낸 억지 논리임이 밝혀지게 된다. 이 주장은 이곳에 거주하던 동게르만 부족이 서쪽으로 이주해 가면서, 그 뒤를 이어 슬라브인들이 이곳에 정착하였다는 주장이다. 따라서 원래 슬라브인들이 살다가 중세 이후 독일인의 '동유럽 이주'가 행해지고 그 후 다시 원소유자에게 돌아간 것이 아니라, 이곳은 '독일인의 조상인 동게르만인'의 토지였다는 것이다.

1939년 히틀러의 폴란드 침공도 '독일인의 고유한 영토' 탈환을 구실로 시작되었고, 점령 지역의 동부는 일종의 식민지인 총독 관구로 취급하여 폴란드인의 거주를 인정한 것에 반해, 서부의 '탈환된' 지역은 독일에 합병한 다음 독일화를 추진하면서 이 지역의 폴란드인들을 총독 관구로 추방시켰다. 국경의 재독일화가 본격화된 것이다.

그러나 이제 독일 역사학계는 폴란드 지역에 거주했던 동게르만인이 독일인의 직계 조상이 아니며, 따라서 폴란드 지역은 본래부터 독일인의 영토라는 해묵은 주장을 포기하기에 이른다. 따라서 중세 독일의 동유럽 식민 운동과 관련해서 '독일 동부 지역의 수복'이라는 견해도 부정되었다.

폴란드 학자들 역시 오랫동안 논쟁의 대상이 되었던 국경 지대의 라우지츠Lausitz 문화의 주체와 관련한 '슬라브인 설'의 오류를 지적하면서, 폴란드인이 오데르강 서쪽에 청동기와 철기 문화를 전파했다는 이유를 들어 이곳을 슬라브 문화의 요람으로 보려는 선배 학자들의 견해를 부정하기 시작했다.

현재주의적 관점의 지양

슐레지엔과 포메른에 대한 양국 간의 역사 주권 논쟁은 19세기 중반부터 본격화되기 시작했다. 과격화된 민족주의 열풍으로 역사 신화 만들기 작업이 시작되었고, 양국의 갈등을 과거로까지 소급하려는 현재주의적 관점은 독일-폴란드 역사 논쟁의 발단이 되었다. 하지만 이처럼 접경 지역민들의 삶이 극단적인 대립 양상으로까지 비화된 것은 비교적 최근의 현상이다. 독일 기사단에 대한 양측의 연구 동향은 이런 점에서 시사하는 바가 큰데, 이 주제는 수 세기 동안 잊혔다가 19세기 중반 이후에 다시 독일과 폴란드 역사가들의 연구 주제로 급부상하면서 양국의 적대적 이미지를 형성하는 데 기여했다.

발트해 연안에 위치한 포메렐리아와 관련된 문제는 사실 독일과 폴란드의 문제가 아니다. 이 지역을 차지한 것은 중세 독일 왕국이 아니라 기사단이라는 별도의 독립적인 조직이었기에, 폴란드와 독일 기사단의 관계라는 시각에서 접근되어야 한다. 20세기의 역사가들은 '민족'이라는 개념을 중세에까지 확대하려는 시대착오적인 오류를 범하였고, 이는 결국 사료의 취사선택에 있어서 편파적일 수밖에 없었다. 특히 접경 지역민들의 평온했던 일상적 삶보다는 갈등과 전쟁에 귀를 기울였던 연대기 작가들의 기록을 통해서 과거를 바라보는 시선은 명백히 비역사적이다. 랑케의 역사주의적 방법론에 친숙한 양국의 역사가들은 사료가 침묵하고 있는 일상적 공존 경험에 대해서 관심을 기울이지 않았던 것이다.

중세 경계 지대의 일상사는 단절보다 소통이 특징적이었고, 단절은 후대 민족주의 역사학자들이 만들어낸 역사상이었다. 1250년경 나움부르크 대성당에 세워진 기증자상의 우타는 변경백 에크하르트의 부인으로, 그녀의 동서는 폴란드의 용감왕 볼레스와프의 딸로서 이처럼 접경 지대의 폴란드와 독일의 귀족들은 인척관계로 얽혀 있었다. 특히 우타의 모습이 '가장 독일적인 여인의 모습'으로 1918년부터 일반 가정의 거실을 장식하기 시작했다는 사실은 매우 상징적인 의미를 지닌다. 그 이전에 대성당을 방문했던 위대한 문학가 노발리스, 괴테조차도 우타의 상에 대해서는 일체의 언급이 없었다.

결국, 우타 공경 풍조는 20세기 독일의 민족주의가 만들어낸 새로운 역사상이었다. 우타가 살았던 중세의 슐레지엔은 독일이나 폴란드 어느 한 곳에 귀속된 분절된 지역이 아니라 두 문화가 조우했던 접경이었던 것이다. 로데는 중세의 경계 이동과 확정 등의 움직임을 정치적·종교적 음모 내지는 조직적인 기획으로 보는 것은 비역사적인 접근 방식임을 지적한 바 있다. 그는 오히려 결혼과 같이 기획되지 않은 우연한 요인을 경계 변동의 주요한 원인으로 보았다. 전근대의 경계란 대부분이 오늘날 같은 '선'으로 이루어진 국경이 아니라 넓은 공간으로 이뤄져 있었고, 다양한 문화가 교류하던 '혼혈' 지역이다.

따라서 유동적인 중세의 변경 개념을 근대의 부동적 국경 개념으로 해석하는 시도 자체가 시대착오적인 역사 해석일 것이다. 최근의 연구 성과는, 슐레지엔과 포메른 지역민들은 자신의 '이중적 정체성'에서 혼돈을 느끼지 않았고 '독일인' 혹은 '폴란드인'이 아니라 '슐레지엔 사람', '포메른 사람'으로 인식하였다는 것이다. 새로운 국경사 연구는 '일천 년에 걸친 투쟁의 역사'가 아니라 독일적인 것과 폴란드 적인 것을 모두 수용하는 데 거부감을 느끼지 않았던 양자택일의 상호 배타가 아닌 양자병합의 역사였음을 드러낸다.

국경의 순혈성 담론을 해체하고 열린 공간으로 인식하려는 대표적인 사례가 2002년 10월에 개최된 독일-폴란드 학술대회 Schlesien. Bilanz und Perspektiven der Forschung, 2006년 브레슬라우에서 개최된 학술회의Adel in Schlesien : Herrschaft – Kultur – Selbstdarstellung 등이다. 그 외에도 륍케Christian Lübke의 지적대로, 기존의 중세사 연구는 국경사를 팽창과 개종의 대상으로 보아 왔으나, 점차 이곳이 접경 지대로서 갖는 혼혈성에 의미를 부여하기 시작한다. 그 결과, 피아스트 왕조, 독일 변경 지대의 귀족, 보헤미아 사이에 인척 관계가 서서히 밝혀지게 된다. 국경은 더 이상 분쟁으로 피 흘리는 장소가 아니라 피로 얽힌 역사Entangled History가 펼쳐지는 창조적 공간이다.

국경, '분쟁'에서 '공존'으로

중세 독일-폴란드 관계사에 대한 독일 측 역사 서술은, 폴란드는 왕국 성립부터 독일 왕과 봉건법적 관계를 맺어 왔다는 입장을 견지한다. 이러한 봉건적 종속 관계에 대한 의도적 과장에는 정치적 우월감과 열등한 타자라는 구도가 은연중에 전제되었다. 폴란드의 홀로서기는 원천적으로 불가능했다는 이야기이다. 이에 대해서 폴란드 역사학계는 이 문제가 국가의 위상이 걸린 것처럼 히스테리적인 반응을 보였다. 폴란드 역사가들은 객관적 자료에 근거하여 논지를 펴지도 못하고 독일 왕에 대한 폴란드의 봉건적 종속이라는 견해를 부정하는 데 급급했다. 하지만 1970년 이후 연구 경향은 폴란드의 통치자는 독일 왕에 대해 봉건 서약을 해야만 했다는 입장에 양측 모두 동의하는 쪽으로 선회하였다.

애국주의적 시각으로부터 해방되어 평등성과 상호성에 기초한 자유로운 분위기 속에서 사건의 해석과 서술이 '객관적'으로 가능해질 수 있었다. 동시에 국수주의적 문화 민족 자화상에 대한 비판적 검토도 필요했다. 독일의 역사 서술에서 폴란드를 포함한 동유럽인들은 유럽의 주변 민족으로 인식되었고, 제도적인 면에서도 서유럽보다 발전이 더딘 민족으로 저평가되었다. 이는 바로 역사학의 아버지 랑케가 남긴 유산으로, 협소한 서유럽 중심적 세계관은 아우빈을 비롯한 동유럽 역사가들의 문화 우월주의의 정신적 기반을 형성하는 데 기여했다. 이런 논리하에서 중세 유럽 문화는 고대 그리스 로마, 기독교, 게르만 전통이라는 3개의 기둥에 근거한다는 랑케의 관점을 역사가들은 별 거부감 없이 수용하였다. 서독의 초대 대통령 호이스Theodor Heuß의 "유럽은 골고다, 아레오파고, 카피톨리노 언덕"에 세워졌다는 말은 이러한 서유럽적 발상을 잘 반영한다. 유럽의 역사에서 동유럽은 철저히 배제되고 부정되면서 역사 없는historyless 민족으로 남게 된다.

그러나 이 같은 자문화 중심적 논리에 대해 비판적 견해가 제기되었고, "중세 유럽 문화권은 지중해-기독교, 게르만, 슬라브 문화가 융합된 결과"라는 역사 인식이 힘을 얻고 있다. 중세 유럽 국가의 형성과 관련해서도 폴란드를 위시한 동유럽 국가의 형성은 시기적으로 서유럽보다 지체되었다는 기존의 학설을 대체해서, 동유럽은 국가 형성과 제도 발전 면에 있어서 서유럽과 동등한 위치에 서게 된다.

슐레지엔과 포메른과 같은 국경 지대의 역사 서술 관련해서도 독일과 폴란드 양측은 기초적 사실에 대한 해석부터 상이한 입장을 보이고 있었다. 독일 학자들은 이 지역들의 독일화 과정에 주목하면서, 독일의 왕이나 신성로마제국 황제들의 정치적 영향력과 사회 문화적 기여도를 강조했다. 주변국경은 중심의 관점에서만 조형되고 해석되었다. 근대 이전의 국경은 근대성을 통해서 재구성되고 상상되는 근대적 표상 공간으로 치환되고 말았다.

폴란드 측은 피아스트 왕국과 국경 지대의 관계를 연구 주제로 국한하고 이 지역의 '슬라브적 지속성'을 강조하였다. 또한, 19, 20세기 독일 측의 역사 서술은 국경을 서유럽의 봉건법적 관점에서 조망하면서 슐레지엔을 통치하던 피아스트 왕조의 독일 의존성을 부각시키는 데 총력을 기울였다. 그러나 폴란드 학자는 이 지역을 피아스트 왕조의 고유한 영토로 파악했고, 봉건적 관계는 부차적인 것으로 돌렸다.

이러한 편견과 적대감 속에서도 슐레지엔, 포메른의 지역적 특수성을 고려하는 인식의 실마리를 찾으려는 노력은 지속되었다. 엔노 마이어는 1163년을 슐레지엔이 폴란드에서 분리되는 해로 바라보았던 기존의 해석을 비판하고, 1335년에서야 슐레지엔이 폴란드 정치 공동체로부터 완전히 떨어져 나간 시기로 파악했다. 이는 폴란드 학자들의 관점과 일치하는 것으로, 이제는 독일의 학자들도 14세기를 전후로 슐레지엔이 폴란드 영토로부터 떨어져

나간 것으로 보고 있다.

포메른의 중세 폴란드 왕국 귀속에 대해서는 별다른 언급을 하지 않던 독일 역사학계는 이 지역이 순차적으로 황제와 브란덴부르크에 봉건적으로 귀속되었다는 사실을 강조해 왔다. 하지만 폴란드에서는 프리드리히 바바로사 황제에 대한 제후 보구스와프 Bogusław 1세의 봉건적 예속은 단순한 에피소드 정도로 취급된다. 반면, 이 지역에서 슬라브적 제도의 존속성을 강조했다. 마이어는 폴란드 역사가 라부다의 견해에 동의해서 1121년 포메른이 폴란드에 복속되었다고 파악했다. 그러나 여타의 독일 역사가들은 이는 '잠정적' 현상으로 이곳의 슬라브적 제도가 많은 변화를 경험하면서 폴란드와 차별되는 특징을 보인다고 지적한다.

이처럼 국경사에 대한 양국의 상이한 시각에는 아직도 많은 차이점이 상존한다. 하지만 역사와 문화적 다양성과 공존성을 무시하고 폭력적으로 역사를 획일화시키려던 해석은 이제 점차 교류사의 관점에서 대체되기 시작했다. 국경 지대는 이 지역을 둘러싼 독일, 폴란드, 덴마크, 체코슬로바키아의 영향력이 상호 교류적으로 교차한 문화 공간이라는 각도에서 새롭게 조망되고 있다.

국경을 둘러싼 독일과 폴란드의 역사 대화는 양국 간의 '민족주의적 역사학의 병폐'에 대한 더 많은 비판적 분석이 이루어져야 함을 드러내었다. 그러나 독일-폴란드 역사전쟁 기간에 실용적 목적에 휘둘린 역사학이 상대방에게 무기가 될 수 있었다는 사실만은 명확해졌다. 민족주의적 역사학은 현실의 적대 관계를 먼 과거로 역투영하여 영유권 주장이라는 정치적 기획을 합리화할 뿐만 아니라, 소통과 공존의 장이었던 경계 지대의 일상적 삶을 갈등과 분쟁의 시각에서 파악하고자 했다. 이는 19세기 이후의 국수주의 역사 해석이 만든 시대착오적인 사유 방식이다.

따라서 공동의 역사를 향한 독일과 폴란드 양국의 노력은 매우 힘겨웠고 오랜 시간이 걸릴 수밖에 없었다. 우선 관변 역사가들이 만들어낸 역사상을 비판적으로 재검토하고, 범汎유럽사 범주에서 국경 지대를 바라보는 공동 연구가 진행되어야 했다. 과도한 민족주의적 해석을 지양하고, 국경이 갖는 다문화성을 인정할 때에 새로운 연구의 기원이 마련될 수 있었다. 이를 위해서 먼저 양측은 과거의 잘못을 인정하는 겸허한 모습을 보였고, 독일은 폴란드 침략을 사죄하고 오데르-나이세 국경선을 인정했다. 폴란드는 하나의 문화 공간으로 실롱스크와 포모제가 접경 문화로서 갖는 의미를 복원하면서, 국경을 민족의 영토에서 지역민의 삶의 공간으로 탈바꿈시켰다.

반세기 이상 지속된 폴란드와 독일의 역사 대화는 이제 '천년의 전사戰史'에서 '상호 의존적 경계 지대'에 살았던 사람들의 문제로 관심을 기울인다. 정치적 상황과 민족주의적 논리에 휩싸이는 어용적 역사 방법론에 거리를 두고 화해와 공존의 역사를 복원할 때, 선先규정된 목적성과 관습적 대립 논리를 지양하는 학문이 가능할 것이다. 독일적이기 때문에 독일에 속해야 한다는 식의 논리는 더 이상 수용될 수 없다. 이제 오랜 분쟁의 영토에서 화합과 협력 공간이 탄생한다.

3부

근현대 식민주의적 국경

1648년의 베스트팔렌조약을 기점으로 선형적 경계 짓기는 전 지구적 차원으로 확대되어 나갔다. 근대 서구의 식민주의적 팽창이 통치의 수단으로 세계의 영토를 자의적으로 분할하고 재조직하기 시작한 것이다. 19세기에 들어서 서구 제국주의는 세계의 지리적 구획화를 가속화시켰고, 중미·중앙아시아·인도·한반도 등의 식민지 변방까지 확대되면서 베스트팔렌 체제가 세계를 뒤덮어 버렸다. 비서구의 국경은 서구 식민주의 시대의 역사적 산물이며 강대국 힘의 논리가 작동하는 공간이 되었다. 따라서 앙리 르페브르의 지적처럼, 국경은 '전 지구적 자본주의'와 '개별 국가' 간의 상호 침투, 포개짐, 엇갈림의 변증법적 메커니즘이 작동하는 그물망 성격의 공간이다.

지배 세력이 관철시킨 국경은 횡단과 통제, 삶과 죽음을 가르는 경계 투쟁의 장으로서 지구상 곳곳에서 분쟁을 야기했지만, 동시에 경계를 가로지르려는 부단한 노력이 진행되는 가변적 공간이기도 하다. 제3부에서는 중미 히스파니올라섬의 국경선에서 아프가니스탄 국경선, 인도와 파키스탄 국경선, 독일과 폴란드의 오데르-나이세 국경선까지 근대 서구 제국주의 세력이 힘으로 획정한 배제와 분단의 장소들을 찾아가 보고자 한다. 제국주의 세력의 이해관계에 따라 그어진 국경의 역사와 비극이 오늘날에도 이어진다는 점에서, 국경의 역사는 과거이자 현재이며 미래이다.

서구의 통치 이념이 만들어낸 선형적 국경선에 대한 연구는 국경이 얼마나 강대국의 논리에 의해 임의적으로 만들어졌는지, (그럼에도 불구하고) 피지배자가 경계 횡단을 통해서 지배 질서를 어떻게 우회적으로 비껴가고 전유했는지를 드러낼 것이다. 국경이 갖는 공간적 포용성·다자성·초국가성에 주목한 '국경 경관' 개념은 국경이 갖는 다의성과 창조성을 밝힐 수 있을 것이다. 앞에서 살펴보았던 중세 경계의 접경성은 근대 국경이 얼마든지 공존과 협력의 공간이 될 수 있음을 역사적으로 입증한다.

9. 아이티와 도미니카

중미 히스파니올라섬

한 나라의 대통령이 괴한들의 총격에 사망한 사건이 지난 해인 2021년에 중미 카리브해에 위치한 아이티에서 벌어졌다. 지금은 물가 인상과 치안 불안 등으로 서반구 최빈국으로 알려졌지만, 이곳은 한때 세계 최대 설탕 생산국으로서 카리브해의 진주로 불릴 정도로 황금기를 누렸다. 아이티가 위치한 히스파니올라섬은 한국보다도 작은 섬이지만, 동쪽에는 360km의 국경을 사이에 두고 아이티와 도미니카 공화국이 접하고 있다. 이곳은 아이티와는 달리 경제 발전과 정치 안정을 이루며 코로나19 발생 이전에 연간 650만 명의 해외 관광객이 찾는 인기 휴양지이기도 하다. 분단된 한반도에서 남한과 북한의 완전히 다른 두 나라가 절묘하게 공존

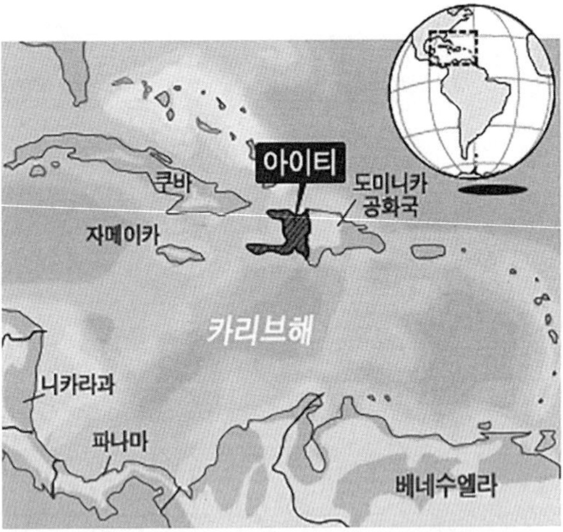

그림 11_ 아이티와 도미니카 공화국이 위치한 히스파니올라섬은 카리브해에서 쿠바 다음으로 큰 섬으로, 신대륙 발견 이후 유럽 열강의 활발한 교역 중심지로 성장했다. 서구의 제국들은 카리브해의 도서를 지정학적인 이유에서 식민지로 활용했다.

하는 모습과 유사하다.

1492년 콜럼버스의 상륙 당시, 서인도에서 두 번째로 큰 히스파니올라섬에는 50만 명 정도의 원주민들이 살았다고 한다. 그러나 이들 대부분이 스페인에서 전파된 전염병·강제 노동·집단 학살에 잔인하게 희생되었다. 하지만 비옥했던 땅과 천혜의 기후 조건이 유럽의 또 다른 제국 프랑스의 입맛을 돋웠고 1697년의 조약으로 프랑스가 섬의 서쪽을 차지하면서 이 섬은 프랑스와 스페인에 의해 분할 점령된다. 유럽 열강들의 식민지 쟁탈과 자의적인 국경선 획정이라는 세계사적 의미를 지니는 이 조약으로 오늘날까지 아이티와 도미니카는 국경을 접하고 섬을 공유하게 된다.

선형적 경계lineal border가 만들어낸 아이티와 도미니카의 분할은 제국주의 열강들이 행했던 공간적 전유의 대표적인 사례라 할 수 있다. 초기 자본주의적 중상주의가 전지구적으로 확장하면서 국경선은 자본주의 체제 강화에 적극 기여했다. 자본주의 생산의 영토적 전문화와 수직적 국제 분업 구조에 근간한 서구 열강의 전지구적 선 긋기가 시작되면서 세계는 산산조각이 났다. 이는 자본주의 논리가 국경선 획정 과정에 침투한 결과이다.

베스트팔렌 체제의 선형적 국경선 개념이 전지구적 무역 통로를 통해서 점차적으로 세계지도에 각인되고 이른바 세계의 제작fabrica mundi이 본격화되었다. 국경의 지도화Mapping는 자본주의 팽창과 그 궤를 같이한다고 할 수 있다. 자본주의의 팽창은 국경의 증식을 가져왔으며 공간의 조직화와 공간적 분배를 지도화했다. 지도상의 국경선 증식은 1648년 이후 제작된 유럽의 지도들에서 확인되지만, 세계지도에서는 19세기 중후반 이후에야 본격적으로 두드러지기 시작했다. 서구의 식민주의적 국경 형성사는 근현대 세계사를 이해하기 위해서는 결코 간과할 수 없는 부분이다.

설탕 섬의 눈물

그림 12_ 아이티와 도미니카 공화국의 국경. 산림이 황폐화된 아이티의 지형과 초록을 간직한 도미니카 공화국 영토의 모습이 대조적이다.(출처: UN environment programme)

카리브 해의 아름다운 섬을 식민지로 만들었던 프랑스는 이곳에 아프리카로부터 강제로 끌려온 노예들을 가둬놓고 사탕수수 농장을 만들었다. (흰)설탕 수요의 세계적인 급증으로 (흑인) 노예 노동에 근거한 아이티의 설탕 산업은 호황을 누리면서 세계 최대 설탕 생산국이 되었지만, 이는 역설적으로 극복할 수 없는 어두운 유산을 남겼다. 프랑스령 아이티는 부두교와 흑인 민족주의가, 스페인령 도미니카는 백인과 흑인의 혼혈·가톨릭이 주류를 이루면서 국경선이 문화적 단층선으로 변질되어 인종이 두 국가를 구분하는 심각한 문제를 야기했기 때문이다.

서구 제국의 폭력으로 강요된 분할 점령은 역설적으로 독립을 쟁취한 세력에 의해서 영구 고착화로 치닫게 되었다. 1804년 식민 세력의 강압과 수탈에 대항한 노예 혁명으로 식민지 모국 프랑스를 쫓아내고 세계 최초의 흑인 주권 국가를 세웠던 아이티는 역사에 길이 남을 만한 자랑스러운 건국사에도 불구하고, 제국주의적인 힘의 논리를 과시하면서 군함을 동원해서 진격하는 프랑스 앞에서 또 다시 좌절과 허탈이라는 고통을 겪었다. 결국 프랑스가 근대화 보상금이라는 명목으로 부과한 막대한 '독립 승인 배상금'을 122년간 상환하게 되면서 경제 기반이 무너지고 이를 만회하기 위해 이웃한 도미니카를 주기적으로 침략하는 악순환이 꼬리를 물었다. 제국은 혁명을, 혁명은 약탈을, 약탈은 지울 수 없는 상흔을 남기면서, 아이티의 노예 혁명이 오히려 새로운 형태의 제국주의적 침략을 불러오고 말았다.

1697년 협정에서 섬의 1/3에 해당하는 서쪽 영토를 프랑스에 주기로 하였으나 당시에는 구체적인 경계가 획정되지 않았고, 1929과 1936년에 와서야 국경선이 정해진다. 이 과정에서 미국의 역할이 부각된다. 1915년부터 20여 년간 섬을 점령하고 사실상 식민 통치를 했던 미국이 철수를 하면서 섬의 국경을 획정하였던 것이다. 그러나 경계에 익숙하지 않았던 지역민들은 여전히 살던 곳에 머무르고자 하였다.

국경의 도구화와 정치화

스페인으로부터 해방된 도미니카는 노벨문학상 수상자인 마리오 바르가스 요사Mario Vargas Llosa가 독재자의 악마성을 다룬 소설 『염소의 축제』에서 폭로했듯이, 20세기에 들어서 독재 정권의 부정부패와 인권 유린으로 얼룩졌다. 독재자 트루히요Rafael Trujillo는 정권 불만 무마용으로 반아이티주의를 정략적으로 이용했고, 1937년에는 접경 지대에 살고 있던 1만 명 이상의 아이티인들을 집단 학살하는 인종주의적 정책으로 국경을 도미니카화하기 시작했다. 이후 국경 지대의 학교에서는 애국심 고취를 위한 스페인어, 역사, 지리 등 애국 교과 수업이 더욱 강요되었다. 분단이 강력한 독재를 낳았고 독재는 분단을 이용하는 악의 순환고리가 형성되었던 것이다.

독재 종식 이후 도미니카 공화국은 카리브해의 중심 국가로 도약할 수 있었다. 아이티와의 경제적 불균형이 갈수록 심해지자 사탕수수 농장과 염전에 아이티인들의 저렴한 노동력을 투입하면서 아이티로부터의 인구 유입도 늘어났다. 이 과정에서 아이티인에 대한 인종 차별과 살인 사건 등으로 두 국가의 관계가 악화 일로에 있는 실정이다. 국경 지대에서는 자국의 산림 황폐화로 나무를 구할 수 없게 된 아이티인들이 도미니카로 불법 월경해 산림을 벌목하고 이를 아이티로 가져다 판매하면서 지역민들과의 갈등도 발생하고 있다. 영해에서의 불법 조업과 밀입국, 국경 지대에서 아이티 무장 괴한에 의한 도미니카인들의 납치, 아이티 주재 도미니카 공관 공격 등으로 도미니카 내에서는 반아이티 정서가 고조되면서 아이티 불법 거주자들의 강제 추방으로 맞섰다. 설상가상으로 코로나19 발생 이후 국경 봉쇄는 더욱 강화되었다.

국경은 접경이다

두 섬나라가 상호 불신이라는 역사의 질곡에서 벗어나기 위해서는 경쟁과 동시에 협력의 관계를 맺어야 할 것이다. 역사적으로 중앙 정부의 영향력이 상대적으로 미약했던 국경 지대에 독자적인 세력 기반이 확립될 수 있었고, 그렇게 해서 국경의 창조성이 돋보이게 되었다. 나아가 이들은 초국경적 연계를 구축하고 지역

간 협력 공간을 확충했고, 혼종화된 지역 정체성을 발판으로 위기 상황에 원숙하게 대처했다. 국경은 중심부에서 멀리 떨어진 주변부가 아니라 새로운 중심이 되는 변화의 공간, 창조의 공간, 생명의 공간이었음을 역사가 증명한다.

국경의 공간적 포용성과 창조성의 역사적 사례를 우리는 얼마든지 볼 수 있다. 19세기에 독일을 통일했던 프로이센은 중부 유럽·게르만과 동부 유럽·슬라브 혼존성이 뿌리내리면서 '슬라브화한 게르만 지역Gemania Slavica'이라는 새로운 정체성이 정립된 접경 공간에서 태동하였다. 동서독의 통일 이후에 수도를 베를린으로 택한 것도 이곳이 역사성을 지닌 장소이기도 하지만, 냉전 시대 철의 장막이 동유럽과 서유럽을 가로지르던 국경이었고, 그래서 분단된 유럽을 접합하기 위한 양자택일이 아닌 양자병합의 논리가 작동했기 때문이다. 고려를 건국한 태조 왕건 일가는 지리적으로 한반도의 가운데에 위치한 개성 일대에서 지방 호족으로 성장하였고, 이곳은 고구려, 백제, 신라의 다양한 문화가 조우하는 다양성과 개방성을 내포한 접경 지대였다. 개성은 고려가 멸망한 뒤에도 '개성 상인'을 중심으로 조선 경제의 중심지로 성장했고, 서기 2000년대 이후 남북 접경 지대에 개성 공단이 조성되면서 한반도의 접합 공간이자 남북한의 완충 지대로서 그 역할을 수행했다.

단절적·배타적 기능만을 강조했던 고전적 국경 이론은, 국경이 갖는 접촉과 협력 기능을 설명하는 데 한계를 드러낸다. 국경을 넘나드는 초국가적 감염병은 자국의 이득만 고려한 정책이 더 큰 혼란을 유발하고 이웃 나라와 함께 대처하는 것이 확산을 예방하는 지름길임을 새삼 일깨워줬다. 신·변종 감염병 같은 보건 안보의 위협 요인을 감시·예방·대응하고, 질병 정보를 공유하는 다자적인 방역·보건 협력체를 구성하는 것이 시급하다.

국경 연구의 선구자인 프리드리히 라첼은 "영토가 국력이며, 국가는 생존을 위한 적절한 공간을 필요로 한다"고 주장한 바 있다. 이처럼 19세기와 20세기 전반기에 정립된 고전적인 국경 이론은, 국경은 지속해서 팽창해야 한다는 진화론적 신념에 근거한다. 하지만 이는 국경의 단절적·배타적 기능을 강조한 나머지 국경이 갖는 결합과 접촉의 역사적 사실과 국경을 넘는 탈국가적·노마드적 요소를 등한시하고 말았다.

"역사는 기억이 지시하는 대상으로만 존재한다"는 폴 리쾨르Paul Ricœur의 말처럼, 국경에 대한 일국사적 기억은 국경을 배척과 분쟁의 단층선으로 변질시켰다. 그 결과, 국경 지대의 시원적이고 배타적 전유를 위한 영토 순결주의가 기획되고, 관련 전시회와 기념식이 열린다. 근대 국가의 욕망이 만들어낸 표상인 국경은 다양한 이데올로기적 기제를 통해 발명되고 의미화하는 과정에 놓인다. 동시에 대중의 동질성과 애국심을 고양하기 위해 과장과 왜곡된 기억을 소환하기도 한다.

역사가들은 국경의 평온한 일상적 삶보다는 갈등과 전쟁에 주목했다. 그래서 대치 속에 서로를 향한 증오가 팽배했지만, 역설적이게도 전쟁의 상처를 치유하고 화해하는 작업 역시 국경에서 시작되었다는 사실을 너무도 쉽게 간과했다. 그곳은 이념 대립이 판치는 공간인 동시에 인간의 이성과 합리성을 실험하는 장소였다. 지역 주민들은 상호 이해와 공존을 모색하면서 양자택일을 강요하기보다는 양자병합의 논리가 통용되는 야누스적 사고를 하는 창조적 공간을 형성할 수 있었다. 요컨대 이질적 세력이 조우하고 충돌하는 접경 공간을 정합하는 실용적인 노선을 걷고자 했던 역사를 만들어낸다. 또한, 이주와 이산, 결혼과 교류를 통해 한곳에 모인 이질적 문화들이 서로 만나 뒤섞인 까닭에 순수한 피와 문화는 더는 존재하지 않는 혼종과 공존의 공간이다.

히스파니올라섬과 동아시아의 한반도는 열강에 의한 강제 분단과 식민 지배, 해방과 전쟁, 군사 독재를 정당화하는 통치 수단으로서 분단체제, 고통의 치유와 트라우마 회복의 절실함 등 여러 면에서 유사한 역사적 경험을 했다. 아이티-도미니카 공화국, 한국-북한의 국경 갈등은 제국의 폭력과 일방적인 영토 분할에서 비롯된 것이다. 최근에는 아이티-도미니카 두 나라의 국경 교역이 확대되고 1937년 비극의 장소였던 다하본Dajabon에 국경 시장이

그림 13_ 도미니카 공화국에서 정기적으로 열리는 국경 시장에 물건을 팔기 위해서 국경을 넘는 아이티의 주민들(출처: Wikipedia)

개설되면서 히스파니올라 지역민들의 삶에 긍정적인 변화가 나타나고 있다. 양국 정부에서도 국경 지대 환경 협력을 강화하면서 국경을 국가 안보의 이익만을 위한 전략적 경계선이 아니라 협력의 공간으로 재성찰하기 시작했다. 양국 사정에 친숙한 국경 지대의 접경인인 '라야노스rayanos'가 국익에 따라 강제된 '부자연스러운 분단' 이전의 기억을 복원함으로써, 분단 트라우마의 초국경적 치유와 국경적 주체성 회복을 기대한다.

이제는 이항 대립의 구도 속에서 상호 모순적인 생각과 의견을 동시에 포용하고 이종 배합의 탈경계적 화해와 창조적 공존의 새로운 세계를 여는 데 앞장서야 할 때이다. 국경을 넘나들면서 확산되는 코로나19라는 팬데믹 앞에서 자국의 이득만 고려한 봉쇄와 보호주의가 화두인 요즈음 이웃 나라와의 공조와 연대를 통한 위기 대응 협력 시스템을 구축하는 생각과 관점의 전환이 요구된다. 새로운 창조는 친밀 관계와 모순 관계를 결합하는 패러독스에서 이루어지기 때문이다.

10. 아프가니스탄의 국경

국경이 된 인류 문명의 회전 교차로

2021년 8월에 아프가니스탄(이하 아프간)의 무장 세력 탈레반이 20년 만에 다시 정권을 수립했다. 탈레반은 1997년부터 미국의 침공으로 축출되는 2001년까지 아프간을 지배했으니 이번이 두 번째 권력 장악인 셈이다. 아프간은 한반도보다 3배나 크고 인구도 3,000만 명이 넘으며 수도 카불에는 500만 명이 거주하는 국가로, 최근에는 석유·천연가스·희토류·리튬 등 매장 자원이 풍부하다는 보도가 있었지만, 실상 이 나라의 경작 가능한 땅이 전체의 12%에 불과한 험준한 지형을 갖고 있다. 그럼에도 불구하고 이 나라가 열강들의 주목을 받은 이유는 바로 지정학적 중요성 때문이다. 19세기 대영 제국, 1980년대 소련, 21세기의 미국 등 여러 외세의 침략으로 많은 시련을 받아 '제국의 무덤'으로 일컬어지는 아프간은 동부의 와칸 회랑Wakhan Corridor이 중국 신장과 국경을 맞대고 있는 탓에 이제는 중국을 부르고 있는 모양새이다.

그림 14_ 파미르강이 흐르고 있는 와칸 회랑. 이 지역은 동서양 문화의 교차로이자 인류 문화의 다양성이 집적된 접경 공간이었다.(출처: USAID U.S. Agency for International Development)

지도를 보면 아프간이 지닌 전략적 가치가 명백하게 드러난다. 이곳은 6개 나라와 국경을 접하고 있다. 남쪽 파키스탄과 약 2,670km의 긴 국경선을 공유하고 있고, 북쪽으로 구소련에서 독립한 투르크메니스탄804km, 우즈베키스탄144km, 타지키스탄1,357km, 북동쪽으로는 중국92km, 남서쪽으로는 이란921km과 맞닿아 있다. 6개의 나라로 진출하는 교차로에 위치한 지정학적 중요성 때문에 중앙아시아 내륙의 이 나라는 '문명의 대로'라 불리기도 했다.

제국·국가·지역 권력이 등장하고 힘을 겨루는 장소인 국경선을 통찰하는 국경 연구의 관점에서 보면, 국가 권력은 국경선 획정보다 선행하는 것이 일반적이다. 국가가 성장하고 팽창하면서 주권이 미치는 영토를 규정하는 것이 역사의 일반적 경험이기 때문이다. 하지만 아프간은 국가보다 국경선이 먼저 탄생한, 즉 외세의 자의적인 국경선 획정으로 국가가 성립되고 말았던, 본말이 전도된 굴곡진 역사를 간직하고 있다. 국경이 설치되어야 국제 관계가 형성되는 것이 이치이지만, 이 경우에는 제국 간의 국제 관계가 국가가 행사하는 영토 주권의 범위를 임의적으로 재단하고 구획하는 강자의 논리를 여실히 보여주었다. 아프간이라는 국가는 제국주의적 국경 정책의 특수한 상황이 만들어낸 시대적 소산으로, 국경선은 아프간 사람들의 이익과는 무관하게 설정된 것이다. 이는 국가 정체성의 형성을 더욱 어렵게 만들고 결국 민족 정체성을 확보하지 못하는 미완의 국가로 머무를 수밖에 없음을 예견한다.

그레이트 게임

그림 15_ 1878년에 그려진 풍자화. 곰(러시아)과 사자(영국)가 아프간을 둘러싸고 으르렁거리고 있다. "내 친구들로부터 나를 구해주세요!"라는 문구는 그레이트 게임이 한창이던 1878년 당시 아프간의 통치자 셰르 알리(Sher Ali)가 처한 절박한 상황을 잘 보여준다.(출처:Flickr)

비극의 역사는 19세기의 제국주의 시대로 거슬러 올라간다. 인도를 식민지로 정복하고 세력을 북쪽으로 팽창하던 대영 제국과 인도를 향해 남진하는 러시아의 위험한 조우는 이른바 '그레이트 게임Great Game'을 촉발하게 된다. 그때의 상황을 풍자한 만평에는 '곰(러시아)'과 '사자(영국)'로 묘사된 야수가 아프간을 사이에 두고 으르렁거리는 모습이 담겨 있었을 정도이다. 19세기까지 지도에 표기조차 되지 않았던, 그래서 미지의 땅terra incognita으로 불렸던 아프간은 한순간에 먹이를 노리는 강대국들의 각축장으로 변해 버렸다. 유라시아 대륙에서 계속 남진하던 러시아 제국의 인도 침공 위협과 그로 인한 이른바 '러시아병Russian disease' 공포에 사로잡힌 영국은 선제 기습 공격으로 맞섰다.

러시아 세력이 팽창하는 것을 차단하기 위한 완충 지대Buffer Zone 확보를 위해서 아프간을 두 차례1839~1842, 1878~1881나 침공했던 대영제국은 이 지역의 복잡한 내부 사정으로 직접 통치가 어렵다는 것을 확인하고는 우회적인 간접 통치로 전략을 수정했다. 아프간의 중립화가 전략적 교차로의 대립에 종지부를 찍고 제정 러시아의 남진을 막는 최선의 정책임을 뒤늦게 알아차린 것이다. 제2차 영국-아프간 전쟁 이후에 압두르 라흐만Abdur Rahman을 꼭두각시 통치자로 앉히고 적극적인 재정과 군사적 지원을 하는 조건으로 아프간의 외교권을 박탈하고 영국에 우호적인 반식민적인 정권을 서둘러 수립했다.

지정학적 완충국은 강대국들 사이에 위치하여 이들이 직접 국경을 접함으로써 일어나게 될 충돌을 예방하고 긴장 관계를 완화시켜 주는 역할을 한다. 19세기의 영국은 완충국 설정을 적극적인 국경 정책으로 활용했다. 이는 지역의 평화와 안전을 위한 선제적 대응이었지만, 동시에 제국의 이익을 위한 조치였다. 영국과 러시아 사이에 끼인 아프간은 세력 균형의 공간이자, 다른 한편으로는 강대국들의 이익 균형의 희생자가 되었다.

19세기의 아프간 문제에 깊숙이 개입했던 영국의 정치가이자 국경 이론가였던 커즌 경Lord George N. Curzon이 주장한 과학적 국경scientific frontier은 현실주의적 초강대국의 외교 정책이었다. 커즌의 주장에 따르면 국경은 이익 선으로서 면도날과 같이 공격적이기도 하고 때로는 방어적인 성격을 지닌다. 그래서 아프간 침공으로 제국의 경계를 확장하려던 군사 행동이 여의치 않자 이번에는 방어적 정책으로 전환한 것이다.

양 제국의 세력권이 점차 근접하면서 전면전을 우려했던 두 제국은 1873년부터 1895년까지 공동 국경 설정 위원회를 구성하고 중앙아시아에서 가장 긴 아무다리야강을 경계로 아프간 북쪽 국경을 획정했다. 여기에 동쪽으로 폭이 최소 13km에서 최대 65km에 이르고 길이가 350km인 긴 계곡이 물꼬리 모양처럼 뻗어있는 와칸 회랑을 추가했다. 이는 두 제국이 군사적으로 충돌하는 것을 철저하게 미연에 예방하기 위한 것이다. 회랑을 사이에 두고 양측이 물러서되, 이곳을 아프간의 영토로 귀속시킨 결과이다. 무엇보다도 중요한 것은 이러한 국경 협상 과정에서 아프간인들은 전적으로 배제되었다는 사실이다. 심지어 이란과 접하고 있던 아프간의 서부 국경조차도 제삼자인 러시아와 영국이 개입해서 독단적으로 결정하게 된다.

1893년에는 2,670km의 '듀랜드 라인Durand Line'으로 아프간의 남부 국경이 확정되는데, 이 역시 전략적으로 중요한 산맥과 강, 고개와 같은 자연 지형을 따라서 영국의 입맛에 맞게 그어졌다. 국경선 명칭이 이 선의 획정을 주도한 모티머 듀랜드Sir Henry Mortimer Durand라는 영국인 관리의 이름을 따라 붙여진 것만 보아도, 영국령 인도 제국이 자신의 북부 방어선 구축에 얼마나 큰 관심을 갖고 있었는지를 알 수 있다. 당시 아프간의 통치자 압두르 라흐만은 영국의 집요한 강요에 못 이겨 결국 협정에 서명을 하고 말았다.

이렇게 해서 제국 세력이 확정한 경계선을 따라서 아프간이라는 국가가 탄생하게 된다. 제국들의 정치적 이해관계에 의해서 완충 국가로 만들어진 이 특이한 정치 공간이 중앙아시아 한가운데 자리하게 된 것이다. 하지만 서구는 완충국을 무정형적 공간 구조로 파악한 것이 아니라 이는 경계적 사유에 의한 명확한 국경선 획정을 전제로 했다. 이러한 이유로 커즌 경이 확인한 바에 의하면, 비유럽 국가들 사이에서는 선에 의한 국경 획정 자체가 낯선 관념이었고 유럽 국가들의 압력 내지는 개입에 의해서만 가능했다.

판도라의 상자

하지만 제국의 자의적이고 편의주의적 발상에서 비롯된 국경 획정은 온갖 재앙이 세상으로 튀어나온 판도라의 상자였다. 듀랜드 라인은 오래전부터 국경선 양쪽에 거주하던 아프간 최대 종족인 파슈툰족을 두 동강 내어서 이들의 혈맥을 끊어버렸다. 국경 남부에 살고 있던 상당수의 주민들이 졸지에 인도로 강제 편입되어야 했다. 1947년에 인도로부터 독립한 파키스탄이 이 지역을 소유하면서 수백만 명의 파슈툰인들이 자신들의 의사와는 상관없이 다시금 국적을 변경하면서 오늘날 파키스탄 인구의 15~20%를 차지하게 된다. 하지만 파키스탄의 파슈툰족은 방어하기 어려운 지형적 특성을 이용해 힘 있는 자들이 그어 놓은 국경선을 비웃듯이 넘나들었다. 헤르만 헤세도 "아무리 좁은 계곡이라 해도 모든 계곡에는 세상을 향해 열린 구멍이 있다"고 말하지 않았는가! 이렇게 해서 남부 아프간의 파슈툰인들이 주도하는 탈레반 세력이 성장할 수 있도록 파키스탄의 이슬람 신학교인 마드라사는 학생들을 양성하여 탈레반 전사로 꾸준히 지원해 왔다. 파슈툰어로 '탈레반'은 학생이란 뜻이다. 제국주의가 절반으로 쪼갰던, 그래서 이산의 아픔을 겪으면서 국경의 양쪽에 흩어져 있던 파슈툰족은 한 세기 만에 종족적 재결속을 다질 수 있게 되었다.

아프간 사람들은 오랜 세월 부족 정체성을 더 강하게 느끼며 살아왔다. 역사적으로 험준한 산악 지형의 특수성으로 중앙 권력은 수도 카불 인근에만 머물렀고, 지방의 반자치적인 부족 집단과 중앙 정부가 분권적인 정치 구조를 만들어내면서, 통합적인 민족 국가를 세우려는 시도들은 번번이 실패하고 말았다. 전통적으로 4대 종족을 구성하는 파슈툰족42%, 약 1,350만 명, 타지크족27%, 하자라족9%, 우즈베크족9%이 정치적 대립을 한다. 파슈툰족은 역사적으로 아프간의 정치적 주류 그룹이자 실질적인 통치 가문으로서, 2001년 미국의 점령 이후에도 카르자이와 가니 대통령 등 여러 정관계 주요 인사들을 배출했다. 그러나 특정 가문의 권력 독점은 다른 종족들의 저항을 불러오면서 중앙과 지방 간의 세력 균형은 역사적으로 안정과 불안정을 반복해 왔다.

20세기의 아프간은 왕정, 사회주의, 이슬람 원리주의 등 다양한 체제 실험을 통해서 통일 국가를 건설하려고 노력했지만, 왕정은 무능력하고 부패했으며 사회주의는 침략자인 소련 제국주의가 전파한 외래 사상으로 비치면서 국민들의 지지를 받지 못했다. 이제 불신자들에 대항해서 무슬림의 땅과 국경을 무력으로 지키려는 이슬람 원리주의 세력인 탈레반이 정권을 장악했다. 이들의 사회 통합 원리인 이슬람주의가 얼마나 강한 결속력을 발휘할지는 아직 더 지켜볼 일이다.

국경 설정은 국가가 보유하는 최상의 권위로서 주권이 현실적으로 행사되는 물리적·지리적 범위를 결정함을 의미한다. 그래서 국경선의 확정은 국가 중심적 국제체제를 파악하는 데 매우 중요한 함의를 지니고 있다. 하지만 국경 설정에 앞서서 특정한 토지, 인구, 자원에 대한 통제가 가능한 중앙 집권적 국가의 수립이 우선되어야 한다. 이러한 역사적 발전 경험에도 불구하고, 국경선 획정 이전의 종족·부족·가문을 배경으로 하는 아프간 토착 세력들은 각각 배타적인 관할권을 행사하면서 통일적이지 않은 분절된 모습이었다.

아프간과 같은 중앙아시아의 유목 민족들에게는 전통적으로 유럽과 상이한, 즉 제국주의적 영토와 국경 개념과 차별되는 유연하고 유동적인 관념이 일반적이었다. 아프간의 비극은 여기서부터 시작되었다. 주권 국가의 성립 없이 타의적으로 국경이 먼저 설정되었기 때문이다. 서구 제국의 지배 이념이 중앙아시아 내륙 깊숙이 파고든 결과였다.

이는 역으로 국경선 밖에 있는 타 국가들의 영토 주권을 인정함을 전제로 한다. 그렇기에, 국경의 이편과 저편 모두에 속해 있던 지역민들의 동의 없이 강제적으로 진행된 국경 획정은 아프간 사람들의 활동 반경을 국경선 내부로 국한했음을 의미한다. 특정 영토에 대한 전적이고 배타적인 권리를 행사하는 유럽의 근대적 주권 관념이 중앙아시아의 전통적인 비배타적 영토주의에 승리한 것이나 다름없다.

강요된 분단

서구의 제국주의는 민족의 형성과 국가의 건설을 역사적 순리로 상정하고 국경선 획정을 통해서 아프간에서 이러한 일이 일어나기를 기대했다. 통일된 영토에 근간하는 민족 국가 건설의 실패 원인을 국가 공권력의 무능함과 이에 대항하는 지방주의적 분권 세력에게만 전가할 수는 없을 것이다. 전근대적인 부족 전통이 강한 파슈툰 부족 지역에서 탈레반은 국가보다 더 실효적이고 신뢰성 있는 안보와 공공 서비스를 제공하면서 성공을 거두었다. 이들은 파슈툰 부족 사회에서 범죄자를 처벌하고 부족 내부의 갈등과 분쟁을 조정하는 살아있는 실효적인 권력으로서 지역 사회에서 영향력을 구축하는 데 성공했다. 국가 공권력은 수도 카불과 몇몇 대도시를 제외하고는 그 통치력과 물리력을 행사하지 못하면서 남부의 외진 지역들은 여전히 무장 세력인 탈레반의 영향력 아래에 있다. 이들은 무력한 정부의 틈새에서 자신의 정치적 기반을 확장했던 것이다.

이제 탈레반은 18세기의 아프간 왕조 탄생 이후 처음으로 전체 지역을 통치하려고 한다. '실패한 국가'의 근본적 원인은 영국과 러시아의 이해에 따라 타의적으로 출발한 완충 국가로서의 비극적인 건국사와 밀접한 관련이 있다. 최근에 아프간 현지에서 한국 정부의 활동을 지원해 온 직원과 그들의 가족 300여 명이 '특별 기여자'라는 자격으로 한국에 입국했다. 미국과 소련의 외세에 의한 기획된 분단과 그로 인한 전쟁의 고난을 겪은 한국도 1950년에 881명의 난민이 일본으로 입국하려던 시도가 있었다. 남북 분단이 초래한 제주 4·3 사건 당시에도 박해를 피해서 일본으로 피신한 '정치 난민'이 급증했다. 이들 가운데 일부는 입국이 막혀 강제 송환되었고, 다른 일부는 '북송北送' 때 북한으로 가기도 했다. 제국들의 길목에 자리잡은 아프간과 한국은 외세에 의한 강제적인 국경선 획정과 전쟁 등 여러 면에서 유사한 역사적 경험을 공유한다. 아프간이 겪는 고난의 역사를 바라보는 심정은 한마디로 동병상련이다.

이러한 이유로 1890년대에 조선을 방문한 바 있던 커즌 경은 『극동의 문제들*Problems of the Far East : Japan, Korea, China*』1894에서 조선을 일본과 청나라의 '땅 뺏기 놀이의 공간'으로 표현했다. 이후 인도 총독 임기를 마치고 집필한 『국경*Frontiers*』1907에서 그는 열강의 완충국 역할을 했던 조선과 아프간을 비교하기도 했다. 영국의 완충국 아프간과 일본의 완충국 조선. 커즌 자신도 인정했듯이 완충국 설정은 제국이 추진했던 적극적인 국경 정책의 일환이었다.

흥미롭게도 커즌은 완충국 설정을 유럽 중세의 변경백 시스템에서 유래한 것으로 설명하면서 유럽의 역사에서는 브란덴부르크 변경백이 19세기에 제국으로 성장할 수 있었음을 정확하게 지적했다. 하지만 비서구 지역에서 제국주의가 주도적으로 활용했던 완충국은 종속적이고 식민적인 관계로 변환되었을 뿐이다. 따라서 조선과 아프간의 완충국 설정은 제국이 주도한 야수적인 국경 정책이었다.

11. 인도와 파키스탄의 국경

국경 관광Border Tourism

인도 북부의 펀자브 주에 위치한 와가Wagah라는 마을에는 매일 일몰 시각 직전에 어김없이 수많은 관광객이 모여든다. 인도와 파키스탄의 국경 검문소인 이곳에서는 1959년부터 지속적으로 국기 하강식과 더불어 화려한 볼거리가 제공되어 매일 2~3만 명의 내·외국인이 방문했다. 인근 도시의 숙박업소와 부대시설들도 덩달아 호황을 누릴 수 있었다. 코로나로 인해서 중단 1년 반 만에 최근에 다시 행사가 시작되었다고 한다.

애국주의적 구호와 이를 선동하는 과장된 몸짓, 양측 군인들의 긴장된 기싸움은 흥미로운 구경거리이지만, 이곳을 찾는 사람들 중 상당수는 이른바 '실향민'과 그 후손들이었다. 이들에게 국기

그림 16_ 인도와 파키스탄의 자존심 대결로 잘 알려진 국경 마을 와가의 국기 하강식 모습
(출처: Wikipedia)

하강식은 아픔을 간직한 기억의 장소이기도 하다. 같은 나라였던 인도와 파키스탄이 1947년에 분단되면서 지난 70년간 이곳은 국경선이 가로지르는 접경 지대가 되었던 것이다. 세계의 10대 비극으로 불리는 인도와 파키스탄 분단의 원인은 무엇일까?

래드클리프 국경선Radcliffe Line

시간을 거슬러 1947년으로 돌아가 보자. 제2차 세계대전의 여파로 국력이 소진된 대영 제국은 식민지 인도에서 철수 준비를 서둘렀다. 하지만 제국은 마지막 순간까지 품위와 위엄을 잃지 않고 질서 있게 철수 작전을 진행하고자 했다. 영국이 문명화시킨 식민지 국민에게 권력을 이양하는 제국의 위용을 전 세계가 최대한 감탄할 수 있게 말이다. 인도 철수는 가히 원조 브렉시트Brexit로 불려도 좋을 듯하지만, 그 직전에 제국은 차분하지만 여파가 큰 이임식 행사를 개최했고 최후 만찬의 메뉴는 200년간 통치했던 식민지 인도였다.

만찬의 호스트는 영국의 마지막 인도 총독 루이스 마운트배튼Louis Mountbatten. 초대된 손님은 인도 국민회의의 지도자 네루Jawaharlal Nehru와 무슬림 연맹의 진나Muhammad Ali Jinnah 의장이었다. 만찬 준비를 위해서 영국으로부터 시릴 래드클리프 경Sir Cyril Radcliffe이 특별 초빙되었다. 인도 대륙의 지도를 식탁 위에 올려놓고 시작된 만찬은 1947년 7월 초부터 8월 중순까지 이어진다.

제국의 최후 만찬은 수천 년 동안 역사적 전통을 같이 해왔던 인도와 파키스탄의 국경선을 획정했던 '국경선 위원회Boundary Commission, 이하 위원회'로, 이는 보여주기식으로 급조된 일종의 형식적인 정치 쇼였다. 국경선 획정은 일사천리로 진행되었다. 국민회의와 무슬림 연맹이 각각 4명씩 추천한 위원들은 구색을 맞추기 위한 들러리에 불과했고, 최종 결정권이 주어진 위원장직은 법률가 출신의 래드클리프에게 돌아갔다. 정치적 입장 차이로 위원들이

그림 17_ 1947년에 인도와 파키스탄의 분리 독립으로 와가 국경을 넘어서 이주하는 실향민들의 모습
(출처: LIFE Magazine's Archives)

합의와 결정을 미적거리는 동안에 위원장은 속전속결로 업무를 처리할 수 있었다.

7월 8일에 입국한 래드클리프에게는 이번이 첫 번째 인도 방문이었다. 인도와 별다른 관련이 없기 때문에 비편파적일 수 있다는 영국 정부의 판단에 의해서 선택된 그에게 주어진 시간은 단 5주. 그는 인도와 서파키스탄, 인도와 동파키스탄1971년에 방글라데시로 독립 국경선을 결정하는 두 개의 위원회를 동시에 총괄했다.

인도에 도착해서는 라호르와 콜카타를 방문한 것이 전부였다. 그 외의 시간에는 델리의 방갈로 숙소에서 대부분의 시간을 보냈다. 인도 측 위원들의 의견 조율이 불가능에 가까웠고 촉박한 일정 때문에 국경선 획정이 졸속으로 처리될 수밖에 없었음은 예견된 바이다. 더욱이 철수 일정을 예정보다 1년 빠른 1947년 8월 15일로 급작스럽게 앞당기고, 제국 통치의 최후 순간에 식민지의 국경선을 서둘러 획정하였다는 사실은 되짚어 생각할수록 의구심이 남는다. 일부 연구자들은 제국주의적 국경 정책보다는 정권욕에 사로잡힌 인도 정치 지도자들의 민족주의적 혹은 이기적인 태도를 비판하지만, 분단은 엄연히 식민 지배 아래서 대영 제국이 결정한 것이다.

영국의 인도 출구 전략

영국 정부는 인도의 탈식민화 작업이 법적 절차에 따라서 식민지 인도와의 협의를 통해서 진행되는 모습을 보여주는 데 주력했다. 무엇보다도 위원회는 철수 이후에 발생할 수 있는 적잖은 후유증에 대한 책임을 국민회의와 무슬림 연맹에 떠넘기려는 눈속임이자 교묘한 눈가림이었다. 철수와 분단 이후의 혼란은 예측된 바였고, 이에 대한 책임을 전적으로 인도 정치인들에게 돌리려는 치밀하게 계산된 각본이었다.

자신은 위원회에 영향력을 행사한 바가 없고 양 정당의 지도자들이 뜻한 대로 결정되었다는 마운트배튼의 거듭된 역설과 강조는 충분히 위선적이고 여기에는 나름의 계략이 숨어 있었다. 위원회는 쇠락하는 대영 제국의 힘을 과시하려는 마지막 몸부림과도 같았으며 무엇보다도 제국의 이익을 우선시하였다. 파키스탄과 인도가 경쟁적으로 각각 8월 14일과 15일에 독립을 선언한 이후인 17일에 국경 획정 내용을 공포한 것도 매우 의도적이다. 최종안은 이미 12일에 마련되었음에도 불구하고 양국이 독립 선언을 할 때까지 기다리면서 발표를 미룬 것이다. 분단으로 인한 혼란의 책임을 독립과 주권을 획득한 신생 국가에게 전가하려는 은밀한 속셈이다. 이렇게 해서 국경 지대에 살고 있었던 수백만 명의 사람들은 자신이 인도와 파키스탄 중 어느 나라에 귀속될지도 모르는 상황에서 '인도'의 독립을 기뻐했다.

분단으로 양측에서 힌두교도들과 무슬림 1,000만 명 이상이 강제 이주를 했으며, 이는 단기간에 진행된 세계 최대의 이주였다. 최소 50만 명이 살해당했고 힌두인과 무슬림의 유혈 충돌이 새로 획정된 국경선을 따라서 번져갔다. 이 과정에서 수만 명의 여성이 강간당하거나 납치되어 강제 결혼을 하였다. 분단 이후의 혼란은 이를 막지 못한 신생 국가들의 무능함 때문이기도 했지만, 영국 정부의 책임 전가와 회피 역시 비난을 피해가기 어렵다.

혼란 정국에서 약삭빠르게 권력에 영합하던 지방의 정치 세력과 극단주의적 종파 그리고 제2차 세계대전에서 돌아온 제대 군인들의 정치·종교·현실적 이욕도 순식간에 펀자브와 벵골의 국경 지대를 아수라장으로 만들었다. 무엇보다도 국경선 획정 이후에도 다양한 종교가 이전과 같이 공존할 수 있으리라 믿었던 정치가들의 오판이 화를 불렀다. 새롭게 형성된 국경 지대의 상황은 중앙 정부의 예측을 비켜나가고 말았다.

분단의 비극

국경 설정은 인구 통계를 활용한 종교적 분포 못지않게 전기·도로·철도망·수자원과 관계 시설 등 사회 경제적 요인도 함께 고려되었다고 전해진다. 하지만 고향에 머물고 싶은 접경 지대 사람들의 당연하지만 간절한 바람은 중심의 헤게모니에 묻혀 지워져 버렸다. 전통적으로 이들은 자신이 재배한 다양한 경작물을 옆 마을에 갖다가 팔았는데, 이제는 밀수 혐의로 체포되는 세상이 되었다. 그럼에도 불구하고 접경 지대 사람들은 '국경선' 너머의 상대방 주민들을 여전히 과거의 이웃 마을 사람들 정도로 생각했다. 그래서 당분간 주말 장터에서의 마을 간 교역은 지속되었고 이곳에서 종교와 애국심은 부차적인 문제였다.

하지만 신생 국가가 국경 수비를 강화하자 졸속적으로 그어진 경계는 분단선으로 고착되었다. 무슬림이 인도에 남기고 떠난 과수원의 나무에서 망고 열매를 따던 힌두 인도인이 파키스탄 국경 수비대에 의해서 체포당하자, 그의 친척들은 '국경선' 너머서 예전과 다름없이 초지에서 소에게 목초를 먹이던 파키스탄인에게 앙갚음을 했다. 접경 지대의 평온했던 마을은 민족 이데올로기와 군사적 충돌의 장소로 무섭게 변모하면서 이웃 힌두 혹은 무슬림 촌락과의 교역은 반민족적 행위로 처벌을 받았다. 접경 지대는 지리적으로 신흥 국가의 변방으로 탈바꿈하였지만, 그곳은 오히려 정치적 지각 변동의 중심지로 부각되었다.

분단은 인도와 파키스탄을 불신과 증오로 가득 찬 앙숙으로 만들었고 핵무기 경쟁을 불러일으켰다. 파키스탄은 무슬림 국가 유일의 핵보유국이 되었다. 본래 하나의 국가였다가 분단된 인도와 파키스탄의 이러한 관계는 핵전쟁의 공포가 가시지 않는 한반도의 남북 관계와 유사하다. 식민 지배·해방·분단·전쟁으로 점철되는 현대사를 경험했다는 점에서 그 유사성은 더욱 두드러진다. 제국의 야욕이 만들어낸 래드클리프 국경선은 인도와 파키스탄 양국의 긴장을 불러일으켰고, 분단 이후 3차례에 걸친 전쟁1948, 1965, 1971은 모두 국경 분쟁으로 발생했다.

인도의 분리 통치Divide and Rule

대영 제국은 기본적으로 비분할 정책을 고수했다. 제2차 세계대전은 무슬림 정치가인 진나를 인도 정치의 핵심 인물로 부각시켰다. 전쟁이 격화되어 일본군이 버마를 점령하고 인도까지 위협하자 영국 정부는 인도로부터 더 많은 전쟁 협조를 요구했다. 간디와 힌두 정치인들이 주도했던 국민회의가 대규모 시민 불복종 운동인 '인도를 떠나라Quit India'를 주동하자, 총독 정부는 간디와 네루 등 국민회의 지도부의 체포와 구금으로 맞섰다. 지도부가 와해된 국민회의는 사실상 활동 중지 상태가 되었다.

파키스탄 독립을 주장하던 진나는 영국의 도움이 절실했고 영국은 진나를 인도 정치의 협상 대상자로 받아들였던 것이다. 무엇보다도 향후 파키스탄이 들어설 인도 북부 지역은 영국 대외 정책의 전략적 요충지였다. 파키스탄의 북쪽 국경선인 '듀랜드 라인' 설정으로 아프가니스탄을 러시아의 남하 정책을 견제하는 완충국가로 만들었지만, 러시아의 지원을 받고 있던 이란이 북서부 국경을 접하고 있고 중동의 산유국들을 견제할 수 있는 카라치와 같은 항구와 공군 기지의 건립이 절실했다. 국가 건립과 전략적 동반자 확보라는 서로의 이해관계가 양자의 결탁을 맺게 하는 주요인이었다. 파키스탄의 분리 독립을 놓고 팽팽하게 맞서는 상황에서 영국은 전략적 계산을 하였고, 파키스탄에 영국에 친화적인 정부가 들어서는 것이 자신들에게 유리하다는 판단을 하게 된다. 이렇게 해서 파키스탄의 국운은 제국이 남북으로 그어 놓은 듀랜드-래드클리프 국경선에 맡겨졌다.

수세기 동안 다양한 종교가 특별한 적대 관계 없이 공존했고 20세기 초만 해도 인도 총인구의 약 1/4을 차지하던 무슬림들은 힌두교도들과 국민회의 일원으로 함께 활동했다. 1947년 분단 직전까지도 종교는 사적 영역에 머물렀기 때문에, 여러 종교는 일상의 삶에서 평화롭게 어울릴 수 있었다. 종파적 갈등은 위정자들과 경제적 이익을 챙기려는 무리들의 관심사일 뿐이었다.

하지만 1857년에 영국이 고용한 무슬림과 힌두 용병들이 함께 가담한 세포이 항쟁을 진압하는 과정에서 인도인의 결집을 우려한 영국은 이후 다수 힌두와 소수 무슬림 혹은 시크의 대립 구도를 조장하는 통치 방식의 변화를 가져왔다. 이는 결국 인도의 종파적 민족주의와 분리주의를 조장함으로써 인도인의 민족적 단결을 막는 역할을 하였다. 종교 간의 '다름' 의식을 극대화하면서 종교 간의 간극을 확대해 나갔다.

제국의 '품격'

1905년에 총독 커즌George Curzon은 행정 효율성을 이유로 벵골 주를 동서로 분할하려는 시도를 한 바 있었다. 그러나 실제 이유는 힌두교의 서벵골 주와 무슬림의 동벵골 주로 양분함으로써 민족주의 의식이 강했던 지역민들을 분리시키는 것이었다. 후임 민토 총독Gilbert Elliot-Murray-Kynynmound, 4th Earl of Minto은 측근들을 시켜 무슬림들로 하여금 별도의 선거구를 요구하라고 사주한 뒤 그 요구를 승인하였다. 이 같은 제국의 교묘한 통치술로 인해서 1906년에 정당인 무슬림 연맹이 출범하게 되었다. 1909년에는 종교 공동체별 분리 선거 제도의 도입을 통해서 정부 차원에서 이슬람과 힌두교 두 종교를 공식적으로 분리해서 다루었다. 이는 종교 간 적대와 불신감을 조성하고 그 결과 인도의 민족주의 독립 운동 세력을 분열시키는 결과를 가져왔다.

이러한 분리 통치 정책에도 불구하고 제국은 인도 식민지의 영토를 영구히 분할하려는 계획을 수립하지는 않았다. 1940년 파키스탄 국가의 분리 수립 요구'라호르 결의'도 진지하게 받아들이지 않았고, 오히려 군사 전략적 목적 때문에 단일 국가론을 지지하는 입장이었다. 국민회의와 무슬림 연맹에도 연방제를 골격으로 하는 분단 없는 독립과 권력 이양을 제안했다. 1946년 8월부터 인도 전역에서 벌어진 대규모 종교 폭동과 학살조차도 영국 정부로 하여금 분단을 고려하게 만들지는 않았다. 이렇게 해서 인도의 비분할 정책은 1947년 초까지 유지되었다. 그러나 이후 철수 일정이 예정보다 1년 앞당겨지면서 갑자기 분위기가 반전되었던 것이다.

1947년 3월부터 인도 독립의 전권을 위임받은 마운트배튼 총독은 권력 이양을 서둘렀다. 그러나 인도의 독립 운동을 주도하던 국민회의와 무슬림 연맹은 동상이몽의 각기 다른 구상을 갖고 있었다. 통일된 인도를 원했던 영국은 모두를 만족시킬 수 있는 방안을 모색했지만, 결국 1947년 6월 3일에 힌두교 지역과 무슬림 지역으로 나누는 분리 독립안이 결정되었다.

그림 18_ 마운트배튼 총독(가운데)과 네루(왼쪽), 진나(오른쪽)의 모습. 독립운동가였던 네루는 인도의 초대 총리를 역임했으며, 진나는 파키스탄의 국부로 불렸다. 중재판정이 내려진 직후에 영국으로 돌아간 래드클리프는 인도를 다시는 방문하지 않았다.(출처: CVCE.eu)

전후의 영국은 인도로부터 손을 떼고 철수를 서둘러야 하는 상황이었지만, 마지막 순간까지 제국의 위용을 과시하려 들었다. 권력 이양이 법적인 절차에 의해서 진행되어 품위 있게 퇴장한다는 연출이 필요했다. 분리 독립을 미끼로 민족주의 세력들을 제국 주위로 끌어들이고 식민지에 대해 마지막까지 책임을 다하는 '가식적인' 모습을 보여주면서 세계의 이목을 다시금 자신에게 주목시키고자 했던 것이다. 마운트배튼 총독은 혼란스러운 상황에서 서둘러 인도를 떠나는 자신의 초라한 뒷모습을 언론에 공개하기보다는 진나와 네루 같은 인도의 정치 지도자들이 자신의 옆자리에 있는 모습을 보여주고 싶어 했다. 위원회를 UN에 맡기자는 진나의 제안이 거부된 것도 자국의 문제 해결을 외부 기관에 의존하는 모습으로 비칠 수 있다는 우려 때문이었다. 중동과 아프리카의 식민지들에게도 대영 제국이 아직 건재하고 있음을 과시하고픈 욕망이 앞섰던 것이다.

래드클리프 국경선은 애초부터 임시방편책이었고 향후 인도와 파키스탄이 조율을 할 예정이었다. 그만큼 엉성하게 작성된 경계선에 불과했다. 하지만 양국의 적대적인 현실은 더 이상의 국경 협상을 용납하지 않았다. 제국과 인도의 위정자들 모두 권력 이양과 권력 장악을 서둘렀고, 이는 결국 무질서와 혼란을 부채질하면서 무수한 국민들의 부당한 희생을 강요했다. 영국 왕실 가문의 일원인 마운트배튼의 과시적이고 권위적인 성향도 순리에 어긋난 결과를 낳았다. 철수 일정에 쫓겨서 내용보다 형식을 취했던 국경 획정은 비극적 결말을 예시했다.

통일된 인도를 간절히 원했던 간디가 거짓된 주장으로 비난했던 허구적인 '두 개의 민족 이론'을 근거로 파키스탄의 독립을 주장한 진나와 무슬림 정치가들조차도 국경선에 대한 통일된 견해를 공유하지 못했다. 파키스탄의 실체는 모호했고 일부 무슬림 정치가들은 분리 독립 자체를 반대했다. 급조된 국경선 획정은 제국의 이해관계를 우선시했으며 국가와 지역의 목소리는 무시되었다. 힌두인과 무슬림의 이익 보호를 명분으로 내세웠던 국경 설정은 오히려 천만 명 이상의 실향민과 여전히 그 수를 정확히 파악할 수 없을 정도로 많은 희생을 내었다. 신성한 국경선의 설정과 수호를 위해서 접경 지대 주민들은 생명과 재산 피해를 감수해야만 했다. 래드클리프 국경선 분할은 오늘날까지도 양국 간 긴장을 불러일으키면서 접경 지대의 일상을 할퀸 분단의 악령으로 여전히 그 혀를 보이고 있다.

12. 독일과 폴란드

스탈린의 국경선

미국 대통령 프랭클린 루스벨트, 소련 공산당 서기장 이오시프 스탈린Joseph Stalin, 영국 총리 윈스턴 처칠. 이들은 제2차 세계대전 연합국의 빅 쓰리Big Three였다. 스탈린의 소련은 1943년 2월 스탈린그라드 전투에서 히틀러의 독일군을 격퇴했다. 이는 전세를 연합군에게 우세하게 바꾸는 데 큰 전기가 되었다. 전투에서 소련군의 사상자가 백만 명이 훌쩍 넘었지만, 이러한 희생을 통한 승리로 인해서 연합군 내부에서 스탈린의 위상은 한층 강화되었다.

스탈린은 제2차 세계대전 이후에 유럽에서 사회주의 체제를 수립하려는 전후 구상을 하고 있었다. 이를 위해서 폴란드를 소련의 전진 기지로 만들 필요가 있었고, 그 준비 작업이 폴란드의 국경선 수정이었다. 이러한 스탈린의 생각은 전쟁 막바지인 1945년 2월에 개최된 알타 회담에서 우회적으로 표현되었다.

스탈린은 이 자리에서 폴란드의 국경선과 관련해서 두 가지 제안을 하고는 연합국의 동의를 압박했다. 첫째는 폴란드 땅의 동쪽 영토 18만 7,000km^2를 소련에 넘겨 달라는 요구였다. 이는 폴란드 영토의 절반에 해당했다. 줄어든 영토를 보전해 주기 위해 스탈린은 오데르-나이세강의 동부 독일 지역을 떼어내서 폴란드에 주자는 제안을 한다. 한마디로 폴란드라는 국가를 서쪽으로 300km 정도 옮기자는 이야기이다.

폴란드의 서부 국경을 기존보다 서유럽 쪽으로 깊숙이 이전하려는 스탈린의 야욕은 무엇보다도 처칠의 견제에 부딪쳤다. 소련의 위성국으로 전락할 것이 뻔한 폴란드를 발판으로 삼아 소련의 영향권을 확대하려는 속셈을 알아챈 것이다.

연합국들은 1945년 7월의 포츠담 회담에서 이 방안을 다시 거론했다. 이번에는 스탈린이 자신의 주장을 밀어붙일 수 있었다. 처칠 수상은 포츠담 회담 도중 영국 총선 패배 소식을 듣고 서둘러 회의장을 떠났고, 소련의 대일본전 참전이 절실했던 미국은 평화협정에서 최종적 결정이 날 때까지 '임시 분계선'이라는 조건을 달아 오데르-나이세 선을 받아들였다. 이처럼 잠정적으로 획정된 국경선은 세계대전의 혼란 속에서 소련의 팽창 정책이 일방적으로 만들어낸 강제 점령이자 자국의 안보적 이해관계를 우선시했던 결정의 산물이었다.

추방

발트해에서 체코까지 남북으로 이어지는 472km의 국경선 획정으로 폴란드는 남한 면적보다 넓은 땅을 패전국 독일로부터 양도받았다. 이는 곡창지대이자 철강·석탄 산지로서 공업지대였다. 조상 대대로 이 지역에서 살던 독일인의 추방은 신속하고 조직적으로 진행되었다. 이는 포츠담 회담에서 연합국에 의해서 합의된 바였다. 비록 추방은 인도적으로 이루어져야 한다고 규정했으나 이는 현실과 동떨어진 결정이었다.

폴란드로 새롭게 귀속된 국경 지대에서만 400만 명 이상이 강제 이주를 하는 동안 이들은 폴란드인의 잔혹한 행위에 속수무책이었다. 나치 정권이 폴란드 인구의 1/4에 달하는 600만 명을 처형한 것에 대한 보복 행위였다. 일부 지역에서는 추방민들에게 최대 20kg까지만 수하물을 허락했고 대신에 마차, 소, 말 따위의 어떠한 운송 수단도 허용하지 않았다. 제한된 시간내에 이주를 하지 않을 경우 무기 사용을 포함한 엄중한 처벌을 받을 수 있었다.

그림 19_ **추방민들의 모습. 추방민들은 약간의 소지품만을 지참하고 걸어서 신설된 국경을 넘어야만 했다.**(출처: wikipedia)

폴란드를 포함한 동유럽 전체에서 1,500만 이상으로 추정되는 독일인이 추방되었고 이들 중 약 800만 명이 서독에 정착했다. 대다수가 수백 년 동안 살던 고향에 모든 재산을 포기하고 강제로 추방당한 평범한 사람들이었다. 추방된 독일인들이 살던 곳에는 폴란드 동부 국경에서 이주한 150만 명의 폴란드인들이 정착하면서 서부 국경의 폴란드화가 신속하게 진행되었다. 국경 지대에는 무장 군인들이 배치되고 극우 민족주의자들이 합세하면서 서부 국경선은 요새화된 방어선으로 변모했다.

폐쇄된 국경은 양국 모두에서 상호 적개심과 민족주의의 부활을 부추겼다. '피추방민협회'를 결성한 독일의 강제 추방민들은 자신들을 쫓아낸 소련, 폴란드, 체코 등 동유럽 국가들의 사과와 보상을 요구했다. 서독으로 이주한 이들은 대개 독일 가톨릭교회와 돈독한 관계를 맺고 있었다. 정치적으로 이들은 보수당인 기독민주당CDU과 기독 사회당CSU의 주요한 지지 세력이 되었고, 결코 무시 못 할 중요한 정치세력으로 성장했다. 이들이 중심이 되어 실지 회복을 정강으로 내세운 정당은 1953년 선거에서 6%의 득표를 하였고 서독의 초대 수상 아데나우어는 정당의 핵심 지도자들을 각료로 임명하였다. 이들이 극우 세력화하여 또다시 나치와 같은 집단이 등장하는 것을 미연에 방지하기 위함이었다.

그림 20_ 오데르강변에 국경 경계석을 설치하는 폴란드의 군인들. 폴란드 공산 정권은 독일과 관련된 기억을 지움으로써 국경 지대의 폴란드화를 서둘렀다.(출처:Wikipedia)

용서

폴란드는 1950년 7월 6일 동독과 '즈고제레츠조약'을 체결해 포츠담에서 결정된 오데르-나이세 국경선을 확약받았지만, 서독에서는 국민 감정이 크게 악화되었다. 당시에는 협상 능력이 있는 독일 정부가 없었기 때문에 '포츠담 협정'은 강화조약이 아니며, 따라서 국경선도 적법하게 확정된 것이 아니라는 주장이다. 그러므로 이 지역을 폴란드에게 완전히 넘겨준 것이 아니라는 입장을 분명히 했다.

하지만 1950년대 말부터 영국과 프랑스가 오데르-나이세 국경을 승인하면서 서독도 유럽의 긴장 완화에 기여하라는 국제 사회의 압력이 점차 커졌다. 독일 내부에서도 보수적인 아데나우어 수상이 물러나자 동유럽과의 화해 정책이 제기되었고, 폴란드의 실효 지배와 지금의 상태가 지속되는 '현상유지status quo'를 인정하라는 분위기가 무르익었다.

이런 가운데 종전 20주년을 맞아 1965년 10월 14일에 독일 개신교는 『동방 백서』라는 중요한 문서를 발표했다. 이 문건은 폴란드로 할양된 지역에 대한 폴란드인의 영토 주권을 인정함으로써 적대적인 양국 관계를 개선하는 새로운 이정표가 되었다. 무엇보다도 감정만으로는 문제가 해결되지 않음을 역설하면서 국경 문제에 대한 사회적 금기를 깼다. 다음 해에는 가톨릭교회가 나섰다. 폴란드 주교단이 서독 주교단에게 서신을 보냈다. "우리는 당신들을 용서하며 또한 당신들로부터 용서를 구합니다." 나치 독일의 희생자였던 폴란드 가톨릭교회가 가해자를 용서한 것이다. 훗날 '감동적인 화해문서', '폴란드와 독일의 대화를 이끈 편지', '화해의 아방가르드'로 평가된 이 편지는 폴란드-서독 간에 대화의 물꼬를 트는 계기가 되었다.

화해

이러한 화해의 분위기는 서독 정부에게도 영향을 주어서 1970년 빌리 브란트 수상이 신동방정책을 추진하면서 오데르-나이세 국경선을 인정하고 국경의 불가침성을 확고히 하였다. 유럽 최대의 국경 문제가 해결된 것이다. 분노한 추방민들은 브란트를 빨갱이들에게 독일의 영혼을 판 매국노라는 맹공을 퍼부었다. 그러나 서독 정부의 입장은 단호했다.

폴란드도 이에 화답했다. 폴란드의 지식인들은 독일인을 추방하는 과정에서 잘못을 저질렀음을 인정했다. 반체제 세력들은 폴란드 공산당 지도부가 독일에 대한 적대감과 국경을 정권 유지의 수단으로 도구화했다고 비난했다. 양국의 정치인들뿐만 아니라 지성인과 학자들은 서로를 초청하여 화해와 공존을 위한 대화를 시작했다.

브란트 총리가 물러난 뒤에도 서독의 정치가들은 일관적인 국경 정책을 추진했다. 특히 반대 정파였던 기민당의 헬무트 콜 총리는 비록 정치 이념은 달랐지만 "통일 독일은 영토 욕심이 없다"면서 오데르-나이세 선이 양국의 국경이라는 입장을 분명히 밝혔다. 1990년 서독 정부는 기본 헌법을 수정하여 제2차 세계대전 이전 독일 영토 회복에 관한 조항을 삭제한다. 1991년 통일 독일의 수상 콜은 오데르-나이세 선을 양국의 국경으로 공식 승인하는 협정에 서명했다.

2021년 여름에 독일 집권당의 대표인 중도 보수 성향의 정치인 아르민 라셰트가 '바르샤바 봉기' 77주년 기념식에 참가하기 위해서 폴란드를 찾았다. 그는 이 자리에서 "제2차 세계대전 시기 자행된 독일의 범죄에 깊은 수치심을 느낀다"며 "독일 학교에서 폴란드 국민들이 겪은 일을 가르치는 것이 중요하다"고 말했다. 바르샤바 봉기는 제2차 세계대전 당시 폴란드인들이 독일 나치 정권에 저항한 사건으로, 독일군의 진압으로 폴란드의 군인과 민간인 20만 명이 살해되었다.

협력

1970년대 이후 관계를 정상화한 양국은 여러 분야에서 협력을 진행하였다. 무엇보다도, '국경 교육'은 화해와 연대를 보장할 수 있는 미래적 가치를 지닌다. 학교 현장에서는 오데르-나이세 국경 지대가 역사적으로 게르만인과 슬라브인이 공존했던 접경 공간이었음을 부각시키며 국경의 탈민족적 의미를 가르친다. 또한, 인종적인 이유로 인해서 그어진 국경선이 아님을 명확히 했다. 교사들은 국경 지대를 자국 역사의 영역으로 끌어들여서 설명하려는 교육 방법 대신에, 접경 지대의 일상은 단절보다 소통이 일반적이고 다양한 문화가 교류하던 혼혈적·혼종적 장소였음을 설명한다. 독일인과 폴란드인은 수 세기 동안 국경 지대에서 함께 생활했고 국경 지대의 접경인들에게는 국가에 대한 애국심보다는 지역적 정체성이 더 강했다는 것이다.

반세기 이상 지속된 독일과 폴란드의 '국경 대화'는 탈국가적 접경 연구를 가능하게 하였다. 정부도 두 민족 간의 화해와 협력을 위해서 평화주의적 교육의 필요성에 대한 합의를 이루었다. 학생들은 국경이 갖는 상호 교류성의 역사성을 이해하고, 그 경계 안팎의 내용물들이 언제든지 한쪽에서 다른 쪽으로 옮겨가는 삼투 현상이 일어나던 장소로서 국경을 파악하게 되었다.

그림 21_ 오데르강을 사이에 두고 다리만 건너면 오갈 수 있는 독일의 프랑크푸르트(사진의 왼편)와 폴란드의 수비체(오른편). 쌍둥이 같은 두 접경 도시는 1945년까지 한 도시였으나 이후 분단되었다.(출처: Wikipedia)

이제 독일과 폴란드의 청소년들은 '상호 이해와 화해'라는 관점에서 작성된 교과서를 통해서 배우며, 상대국 영토의 불가침성을 존중하는 방법을 학습한다. 이웃 나라에 상처를 줄 수 있는 배타적인 자민족 중심의 편협한 국경관은 국경 지대의 이동성과 다양성을 존중하는 다원주의적 시각에 자리를 양보해야만 했다.

국경 교육은 중고등학교의 범주를 벗어나 대학 교육에서도 실천되었다. 국경 갈등의 근원지였던 오데르강변의 국경 도시 프랑크푸르트Frankfurt an der Oder에 양국 학술·문화의 거점 대학이 설립된다. 1506년에 설립되어 1811년에 문을 닫았던 대학은 독일과 폴란드의 국경선 문제가 해결된 1991년에 '비아드리나 유럽대학'이라는 이름으로 새롭게 개교했다. '비아드리나Viadrina'는 '오데르강에 위치한'이라는 의미의 라틴어에서 유래한다. 이 대학은 단절·분단·침략의 상징이었던 국경의 부정적인 인식을 지우고, 국경을 밝은 미래를 꿈꾸는 협력의 공간으로 만들려는 노력의 결과물이다. 250m 길이의 다리만 건너면 있는 폴란드의 수비체 시에 위치한 이 대학에는 주로 독일과 폴란드의 학생들이 함께 수업을 받고 있으며, 교수진도 양국의 연구자들로 구성되었다. 특히 폴란드를 포함한 동유럽 관련 사회과학, 언어학, 문화 연구 등의 특화된 전공으로 유명하다. 문화를 통한 국경 협력은 중앙 정부가 주도하는 하향식 경로가 아닌, 다양한 비정치적 집단이 중심이 된 활동과 참여를 확장시켰다. 교육·문화적 협력은 정치적으로 민감하지 않은 사안을 다루기 때문에 순조로운 국경 협력의 기회를 마련할 수 있다는 점에서 시사하는 바가 크다.

서독이 오데르-나이세 국경을 인정하지 않았다면 이웃 폴란드가 동서독의 통일을 달가워했을지 의문이다. 강요된 국경선을 겸허히 받아들였고 독일 전체 영토의 1/4에 해당하는 광활한 면적을 양보했지만, 그 대가로 독일은 이웃 나라의 견제를 받지 않고 통일을 이룬 셈이다. 통일을 위해 신성불가침한 '고유의 영토'를 포기하였다는 말이다. 국경선의 재인정으로 통일은 앞당겨질 수 있었다. 폴란드도 독일 통일의 덕을 톡톡히 봤다. 대 독일 수입과 수출이 전체의 1/4을 차지할 정도로 국경 화해를 통해서 양국은 좋은 이웃이 될 수 있었다.

에필로그

분단, 접경, 그리고 통합

오늘날에도 잉글랜드와 스코틀랜드의 경계선에는 옛 하드리아누스 방벽Hadrian's Wall의 잔재들이 곳곳에 남아 있다. 고대 로마인들이 만든 이 인공 국경은 라인-다뉴브 강의 자연 경계선과 함께 북방의 이민족과 로마 제국을 가르는 단절의 상징이었다. 그러나 이른바 '3세기의 위기'로 인해 제국의 국경선이 기능을 상실하면서, 로마인들은 게르만 부족들로 대표되는 이민족들과 본격적으로 조우하게 된다. 이질적인 문명 간의 접촉은 대규모 인구 이동, 갈등과 충돌, 낯선 것에 대한 소원함뿐 아니라 동화와 융합, 새로운 종족의 탄생 등 다양한 모습을 빚어냈고, 과거 단절과 대립의 장소였던 접경 지대는 이제 '접경 공간'이라는 새로운 장소로 변모해갔다.

이러한 이야기를 다룰 때, 20세기의 고고학적 발굴과 역사 인류학 등의 지원을 받아 정립된 후기 고대론Late Antiquity은 기존의 에드워드 기번식 로마 제국 쇠망론Decline and Fall과는 대비되는 역사 해석을 제공한다. 즉 제국은 몰락한 것이 아니라 형질이 변화transformation해 재편되었다는 것이다. 이런 시각으로 보자면 게르만-로마의 접경 공간 역시 새로운 유럽 문명이 탄생하는 창조적 장소로 인식될 수 있다. 예컨대, 스스로를 프랑크인이자 로마의 군인Francus ego cives, Romanus miles in armis으로 여겼던 한 게르만인의 이중적 정체성이나 프랑크인들의 왕rex Francorum이기에 앞서 로마의 고위 관료comes로 불리기 원한 말로바우데스의 사례는 두 문명의 조우로 새로이 통합된 종족이 탄생했음을 시사한다.

새로운 종족의 탄생

서로마 제국 말기의 게르만 엘리트들은 스스로를 로마의 정치적 계승자로 인식했다. 이를테면 어린 시절 10여 년을 동로마 제국 수도 콘스탄티노플에서 볼모 생활을 한 동고트족의 테오도리쿠스454~526는 훗날 동고트족의 왕이 된 후에도 보에티우스와 카시오도루스 같은 당대 최고의 로마인 지식인들을 참모로 기용했다. 영원한 제국 로마에 대한 테오도리쿠스의 예찬은 "나의 유일한 희망은 로마 제국의 모방"이라고 고백한 그의 편지에서도 잘 드러난다.

메로빙 왕조 창건자인 클로비스 1세서기 511년 사망도 유사한 사례이다. 클로비스 역시 말로바우데스와 마찬가지로 자신을 게르만 부족의 수장인 동시에 로마의 관료로 생각했다. 당시의 과도기적 상황을 감안하면, 라인강 연안의 접경 공간에서 형성된 이러한 복합적이고 다중적인 정체성은 어쩌면 불가피한 현상이었을지도 모른다. 원주민이었던 로마인들은 현상 유지를 위해 신참자인 게르만인들을 활용하려 했고, 게르만인들은 새로운 정체성을 구축해 접경 공간을 정합整合하는 실용적인 노선을 걷고자 했다. 요컨대 문명의 단층선은 충돌의 공간이라기보다는 창조적 장소에 가까웠다.

십자군, 문명의 충돌?

유럽의 중세사에서 또 다른 접경 공간의 출현은 십자군 전쟁으로부터 비롯된다. 이 전쟁은 단순히 이슬람 세력이 기독교의 성지 예루살렘을 점령해서 일어난 우발적 사건이 아니었다. 십자군 전쟁은, 인구 증가와 경작지 부족, 장자 상속제의 정착에 따른 차남 이하 출신 방랑 기사들의 급증, 한탕을 노리는 기회주의적 상인 집단, 로마 교황의 정치·종교적 야망 등의 당시 서유럽 사회가 경험한 사회적 격동이 빚어낸 거대한 프로젝트였다. 즉 십자군 전쟁의 원인은 기독교와 이슬람 간의 원초적 증오심 따위가 아니라 11세기 이후 팽창을 거듭하던 서유럽 세계의 정치-종교-경제 권력의 세속적인 이해타산이었던 것이다. 유럽 사회 내부를 휘감은 소용돌이가 지중해 세계에서 이슬람을 몰아내겠다는 전쟁으로 확대되었고, 이는 결국 오늘날까지 돌이킬 수 없는 불행의 씨앗이 되어 버렸다.

접경, 치유의 역사적 공간

십자군이라는 잘못된 전쟁은 시칠리아와 스페인 남부의 안달루시아, 근동 각지에 산재한 이슬람-기독교 접경 공간에서 상대방에 대한 왜곡된 이미지를 양산했다. 서로를 향한 증오와 갈등이 더욱 팽배했지만, 역설적이게도 전쟁의 상처를 치유하는 작업 역시 접경 공간에서부터 시작되었다. 비록 상황 의존적이고 선택적인 관용이긴 했지만, 접경 공간의 구성원들은 상호 이해와 공존convivencia을 모색하면서 이슬람-기독교의 접경 공간을 차츰 치유의 역사적 공간으로 바꾸어 갔다.

사실 접경 공간에서 신참자들은 수적으로 뒤졌기 때문에 무리한 사회 정치적 재편을 시도하기 어려웠다. 따라서 그들은 다수를 차지하는 피지배자의 관습과 제도를 존속시킬 수밖에 없었고, 인종-종교적 중재자를 대리인으로 내세워 과도기를 극복하려 했다. 이러한 과정 속에서 문화 수용이 이뤄졌고, 자연히 일정 정도의 문화적 동질화나 수렴 현상이 뒤따랐다.

한편 서양 중세의 또 다른 접경 공간인 독일 동부 지역에서도 이와 비슷한 상황이 전개되었다. 이른바 슬라브 십자군 전쟁 역시 기독교 신앙의 확산보다는 영토 확보와 금전적 욕망pro pecunia에서 비롯된 사건이었다. 하지만 이곳에서도 일방적인 침략과 약탈은 일시적인 현상이었을 뿐이다. 본래 다양한 슬라브 종족들이 거주하던 땅으로 이주한 독일 출신의 '손님들'은 현지인들과 협력해 도시를 건설하고, 점차 잡거와 혼종의 독일-슬라브 접경을 형성했다.

이러한 독일인과 슬라브인의 결합은 메클렌부르크, 포메른, 브란덴부르크, 오버작센, 슐레지엔 등에서 '새로운 종족'을 등장시켰다. 슬라브화된 게르만 지역Germania Slavica으로 불리는 이들 독일 동부 지역은 19세기 독일 통일을 주도한 프로이센이 유럽의 강국으로 부상하는 발판을 마련한 장소이기도 하다. 비스마르크에서 제3제국으로 이어지는 독일 근현대사의 중심이 '슬라브-게르만 혼혈성'이 뿌리내린 접경 공간으로부터 비롯된 것을 보면 역사에 영원한 중심과 주변은 없는 법이다.

광범위한 조우와 공존이 점차 일상이 되자 안달루시아, 시칠리아, 독일 동부 지역 등의 접경 공간의 거주민들은 현실과의 타협에 익숙해졌다. 그리고 그들이 마주한 현실이 복잡다단했기 때문에 접경 공간은 모순의 장소일 수밖에 없었다. 그곳은 이념적 증오가 판을 치는 공간인 동시에 인간의 이성과 합리성을 실험하는 공간이었다. 배재와 관용, 전쟁과 상호 의존, 편견과 실용주의가 혼재한 장소이자, 양자택일의 논리 대신 양자병합의 논리가 제시되는 뒤엉킨 역사의 공간이기도 했다.

침묵과 묵인, 또 다른 형태의 관용

분단의 극복이 바로 통일의 길로 이어지지는 않는다. 강요된 단절이 만든 이질감과 적대감을 극복하기 위해 접경 공간의 구성원들은 어쩌면 분단 상황보다 더 큰 어려움을 겪을 수도 있다. 중세 로마-게르만, 이슬람-기독교, 게르만-슬라브 접경의 사례는 관용이 그 해결책이 될 수 있음을 알려준다. 물론 교조주의적 종교 집단은 이교도와의 공존을 탐탁하게 여기지 않았기 때문에 잡거와 혼종의 현실은 기록으로 남기 어려웠다. 따라서 중세 접경 공간이 경험한 공존의 다양한 모습을 사료를 통해 복원하는 것은 쉽지 않다. 오히려 근대 역사학이 등장한 19세기 이후에는 민족주의의 열풍 속에서 민족 감정의 각성에 적합한 사료들이 의도적으로 수집되면서, 역사가 과거를 정당화하는 '정치적 무기로서의 역사'로 변질되기도 했다.

그러나 중세의 종교 세력은 표면적으로는 호전적인 십자군의 기치를 휘날리면서도 한편으로는 실리를 추구할 수밖에 없었다. 이념과 현실의 괴리 앞에서 그들이 취한 방침은 침묵이라는 형태의 관용이었다. 때와 장소에 따라서는 묵인의 이데올로기가 조우와 충돌의 장소를 화해의 공간으로 만드는 데 도움을 주기도 한다. 다시 말해 접경 공간의 중세인들은 전략적 침묵이라는 수단을 채택했던 것이다.

이 때문에 이베리아 반도의 재정복 전쟁 이후 발렌시아 교회는 이슬람에 대한 세속 군주의 관용 정책을 탐탁해 하지 않으면서도 묵인하고 침묵했다. 그 결과, 군사적 충돌이 빈번하던 국경 지대에서 타 종족과의 결혼, 이중 언어의 사용, 교역과 이주가 점차 일상이 될 수 있었다. 침묵과 묵인이라는 형태의 관용이 접경 공간을 창조적이고 역동적인 장소로 바꾸었던 것이다. 이러한 아슬아슬하면서도 기묘한 중세적 공존은 단종론, 균질론과 통합론 등으로 규정되는 근대 민족 국가가 대두될 때까지 면면히 이어졌다.

근대의 국경, 판도라의 상자

국경 연구는 세계·국가·지역 권력이 등장하고 힘을 겨루는 장소인 국경선을 통찰하는 학문이다. 전통적인 국경 연구는 국경을 보호·단절·통제·차단 기능을 하는 배타적 선이자 주권의 날카로운 모서리로 이해하면서, 반드시 수호해야 하는 신성한 경계선으로 인식했다. 그러나 초국경적 팬데믹은 우리에게 국경의 의미를 다시 생각하게 한다.

코로나19라는 팬데믹 앞에서 국경의 배타적·공격적 기능만을 강조한 나머지 이를 불통의 장벽으로 파악했던 고전적 국경 이론은, 국경이 갖는 접촉과 협력 기능을 설명하는 데 한계를 드러낸다. 국경을 넘나드는 초국가적 감염병은 자국의 이득만 고려한 정책이 더 큰 혼란을 유발하고 이웃 나라와 함께 대처하는 것이 확산을 예방하는 지름길임을 새삼 일깨워주었다. 국경을 군사적 요새나 정치적 '장벽'이 아니라 공생을 위한 '교량'으로 인식하는 경향이 증가한다.

인간이 그어놓은 경계는 자기가 판 함정에 자신이 빠지는 것처럼 스스로를 옥죄어 왔다. 역사를 보면 국경은 중앙 정부의 정책적 개입과 무관하게 자연히 생겨나는 초국경적 협력과 통합의 과정이 진행된 접경 공간으로서 상호 의존과 관용, 새로운 국가와 문명의 탄생 등 다양한 모습을 빚어낸 개방적이고 역동적인 장소에 가까웠다. 국경, 아니 '접경 공간contact zone'은 어떻게 단절되고 폐쇄적인 장소로 전위되었을까?

제국의 잔재, 국경선

중미 히스파니올라섬, 아프가니스탄, 인도와 파키스탄, 독일과 폴란드의 국경선. 앞에서 설명한 세계의 국경선들은 몇 가지 공통점을 지니고 있다. 그 첫 번째는 국경선이 지역 주민의 의사와 관계없이 제국의 지정학적·전략적·경제적 이해관계 안에서 일방적으로 결정되었다는 점이다. 한반도의 38선도 이곳에 진주한 미국과 소련 두 강대국의 편의대로 그어진 군사분할선이었다. 차이가 있다면 인도와 파키스탄의 래드클리프 국경선은 식민 종주국 영국, 오데르-나이세 국경은 승전국 소련에 의해 획정되었다는 사실이다. 38선은 이 모두에서 비켜난다.

식민지 조선은 독일과 같은 전범국도 아니었고 미국과 소련은 조선의 식민 종주국도 아니었다. 무엇보다도 패전국 일본이 아니라 조선이 분단되고 말았다. 굳이 비교하자면 외세의 자의적인 국경선 획정으로 국가가 만들어진 아프가니스탄과 유사한 점이 많다. 국가가 성장하고 팽창하면서 주권이 그 효력을 미치는 국경선을 규정하는 것이 역사의 일반적 경험이지만, 양국은 모두 국가보다 국경선이 먼저 생성된 본말이 전도된 굴곡진 역사를 간직하고 있다. 38선은 여러 면에서 비정상이다.

38선의 예외성과 비정상성은 베스트팔렌 체제와 제국주의가 등장시킨 국경의 전지구화라는 스펙트럼에서 고찰이 필요하다. 특히, 19세기와 20세기의 제국주의가 구축한 강제적 세계화는 영토 분할과 국경선의 확산과 증식을 야기했다. 서구의 세계화 정책은 경계 없는 세상이 아니라, 오히려 다양한 차별적이고 배타적인 국경을 양산하였다. 산드로 메자드라Sandro Mezzadra와 브렛 닐슨Brett Neilson의 지적처럼 경계는 서구 자본주의 확산의 '핵심적 역할'을 맡았고, 합리적 사고와 기하학적 공간 개념을 앞세운 서구 열강들의 자의적인 국경선 획정은 오히려 전지구적 공존 공간의 안정성을 훼손하고 말았다.

피 흘리는 국경선

세계 국경의 또 다른 공통점은 제국의 자의적이고 편의주의적 발상에서 비롯된 분단으로 추방·학살·전쟁 등 온갖 재앙이 세상으로 튀어나온 판도라의 상자였다는 사실이다. 듀랜드 라인은 국경선 양쪽에 거주하던 아프간 최대 종족인 파슈툰족을 두 동강 내어서 국경 남부에 살고 있던 상당수의 주민들이 인도로 강제 편입되어야 했다. 1947년에 인도로부터 독립한 파키스탄이 이 지역을 소유하면서 수백만 명의 파슈툰인들이 자신들의 의사와는 상관없이 다시금 국적을 변경해야만 했다.

히스파니올라섬의 도미니카는 정권 불만 무마용으로 반아이티주의를 정략적으로 이용했고, 1937년에는 접경 지대에 살고 있던 1만 명 이상의 아이티인들을 집단 학살하는 인종주의적 정책으로 국경을 도미니카화하기 시작했다. 학살이 자행되었던 강은 여전히 '학살의 강'으로 불린다.

힌두인과 무슬림의 이익 보호를 명분으로 내세웠던 인도-파키스탄의 국경 설정은 오히려 천만 명 이상의 실향민과 여전히 그 수를 정확히 파악할 수 없을 정도로 많은 희생을 내었다. 신성한 국경선의 설정과 수호를 위해서 국경 지대 주민들은 생명과 재산 피해를 감수해야만 했다. 제2차 세계대전 직후 폴란드로 새롭게 귀속된 국경 지대에서도 400만 명 이상의 독일인들이 추방당하는 동안 이들은 폴란드인의 잔혹한 행위의 표적이 되었다.

한국전쟁도 한반도 분단에서 기인하였다. 제국이 멋대로 그은 38선이 한국전쟁을 거쳐 휴전선DMZ이라는 경계로, 남북한의 국경선 아닌 국경선으로 고착화되어 버린 것이다. 이후 남과 북은 푸에블로 사건1968, 판문점 도끼 살해 사건1976 등 국경 지대의 유혈 충돌을 거치면서 적대적인 분단체제를 견고히 굳혔다. 남한과 북한은 다른 쪽의 정치 제도를 너무나도 위협적이고 악한 존재로 묘사하고 재생산했다.

중심과 주변

세계의 국경선이 지니는 세 번째 공통적 함의는 중심과 주변의 상호 연관성이다. 중앙 정부는 내부 통합을 강화하고 지배 질서를 정당화하는 수단으로 국경의 주변성을 활용했다. 도미니카에서는 분단이 강력한 독재를 낳았고 독재는 분단을 이용하는 악의 순환 고리가 형성되었다. 제국의 야욕이 만들어낸 래드클리프 국경선은 인도와 파키스탄 양국의 긴장을 불러일으켰다. 인도와 파키스탄의 국경 지대는 지리적으로 신흥 국가의 변방으로 탈바꿈하였지만, 그곳은 오히려 정치적 지각 변동의 중심지로 부각되었다.

제2차 세계대전으로 새로 탄생한 폴란드 공산 정부는 자신의 취약한 정통성을 확보하기 위해 국경 지대에서 반독일 정서를 부추겼다. 한반도에서도 국경 획정으로 새롭게 탄생한 남과 북의 정권은 분단 효과를 톡톡히 보았다. 1960년 이후 남북한의 군사 정권도 독재체제 구축을 위해서 주변부국경의 상황을 활용했다. 그 결과 남북한은 유신체제와 수령체제를 출범시키고 무한 체제 경쟁에 돌입할 수 있었다. 북한의 비무장 지대나 서해 북방 한계선NLL 일대 무력 도발이나 이를 이용하려는 남한의 평화의 댐 건설과 소위 '총풍' 사건은 체제 구축을 위해 중심이 주변을 활용한 대표적 사례이다.

미국의 역사학자 프레더릭 잭슨 터너는 고전적 저서『미국사와 변경』에서 "19세기 미국 서부 프런티어국경의 변화가 역으로 중앙 연방 정부의 행정 체계를 바꾸었다"는 사실을 확인한 바 있다. 터너의 프런티어 사관에 따르면, 서부 개척은 민족적 혼종성과 종파적 다양성을 가능하게 했고 여기서부터 '변경 민주주의' '개척자 민주주의'가 탄생하면서 진정한 미국이 출현할 수 있었다. 국경은 중심과 주변이라는 이분법적 사고에 균열을 일으키는 장소라는 말이다.

접경적 시각은 중심에서 구축된 지배 질서가 주변에 미치는 양상을 보여주고, 역으로 중심이 주변의 공간적 재구성을 수용하는 과정을 보여준다. 이는 곧 주변의 정치·사회적 영향을 받은 중심 스스로의 정체성을 재구성하는 작업으로 이어진다. 주변과 중심의 관계는 길항적이기도 하지만 상호 의존적이기도 하다.

국경은 중심부에서 멀리 떨어진 주변부가 아니라 새로운 중심이 되는 변화의 공간이기도 하다. 역사적으로 중앙 정부의 영향력이 상대적으로 미약했던 국경 지대에 독자적인 세력 기반이 확립될 수 있었고 그렇게 해서 국경의 창조성이 돋보이게 되었다. 나아가 이들은 초국경적 연계를 구축하고 지역 간 협력 공간을 확충했고, 혼종화된 지역 정체성을 발판으로 위기 상황에 원숙하게 대처했다. 국경 지대는 창조의 공간, 생명의 공간이었음을 역사가 증명한다.

하지만 한반도에서는 여전히 주변국경은 중심중앙정부의 정략적 활용 대상일 뿐이다. 남북한 국경 지대에 있는 경기도와 강원도는 연평도 포격이나 금강산 관광객 피격 사망 사건 등으로 남북 관계가 경색되면 심리적 불안과 경제적 손실을 고스란히 떠안으면서도 남북 문제에선 여전히 수도京의 주변부畿로서 주체가 아닌 객체로 머무른다. 중심-주변의 역사 구도를 새롭게 바라보아야 한다.

화해

국경 화해와 협력은 군사적 갈등을 제어할 수 있다. 좋은 담장이 좋은 이웃을 만든다고 하지 않았는가. 통일 독일은 오데르-나이세강 동부 국경 지대에 대한 영토 주권과 역사 주권 모두를 포기함으로써 '천년 전사戰史'의 독일-폴란드 국경 갈등을 봉합했다. 양국의 학교 교육도 자본주의와 사회주의 체제 우위적 접근에서 평화 공존적 접근으로 방향성이 변화하였다. 독일 개신교의 『동방백서』1965년, 독일-폴란드 가톨릭 주교단의 서신 교환1966년, 빌리 브란트의 신동방정책1970년 등 국경의 화해와 협력을 가속화하는 사건의 누적 속에서 평화 공존이 실현되었다. 국경 화해가 양국을 좋은 이웃이자 동반자로 지내게 한다.

남과 북은 이미 1972년 '7·4 남북 공동 성명'에 이어 1991년 남북 사이의 화해와 불가침 및 교류 협력에 관한 '남북 기본 합의서'를 체결했다. 2000년 이후 모두 다섯 차례의 정상회담을 통해 사실상 남북 화해 분위기가 조성되었다. 그러나 잠정적 분단선인 38선이 획정된 지 76년의 세월이 흘렀건만 남북한 사이에는 여전히 뿌리 깊은 상호 불신과 적대 의식이 힘을 발휘하고 있다. 남북 화해를 둘러싸고 보수와 진보 간 '남남 갈등'도 지속되었다. 남북 정상들 간의 냉전적 적대감을 뛰어넘는 악수 교환은 한반도에 화해를 가져오지 못한 셈이다.

국가 지도자 간 협의에 따라 결정되었던 기존의 하향식top-down 정책이 가시적 성과를 내기 어려운 상황에서 새로운 돌파구가 절실하다. 그동안 국경 정책border politics은 정부가 주도하고 국민에게는 일방적으로 전달되었다. 이로 인해 정부 교체시마다 정책이 일관성을 갖고 추진되지 못했으며 오히려 반복적인 정쟁의 대상이 되어 왔다. 국내외 비정부 기구NGOs, 시민 단체 등 다양한 비국가 행위자가 중앙 정부·접경 지역 기초 자치 단체와 협치 관계를 구축함으로써 국경 화해의 물꼬를 트는 유연한 정책을 모색할 필요가 있다. 민간 부문 간의 협력 체계는 정부 프로그램에 변화가 생기더라도 연속적인 협력 관계의 유지에 기여할 수 있기 때문이다.

협력 분야에도 변화가 요구된다. 환경·교육·문화 등 비정치적 영역에서 국경 협력 추진자로 활동했던 해외의 접경 지자체는 좋은 본보기가 될 수 있다. 1970년대에 독일 민주 공화국동독은 스스로 해결할 수 없을 정도로 환경 오염이 심각했다. 특히 대기 오염도는 유럽에서 최악의 수준이었다. 당시 동독 지역에서 방류되는 막대한 폐수가 동·서독 접경 지대의 공유 하천과 바다로 유입되면서 양국은 환경 보호를 위한 포괄적 논의를 진행했고, '접경 위원회'가 공유 하천 보호와 수자원 분야 협력, 초국가적 재해 방지 임무를 맡게 된다. 동·서독의 관계 중앙 부처와 서독의 접경 4개 주가 참여한 이 위원회는, 국경 문제를 중앙 정부와 접경 지대 지자체가 협력해서 해결한 성공적인 사례이다. 여기서 중요한 사실은 상대방 국가에 오염의 책임과 배상을 요구하기보다는, 국경을 선線인 동시에 협력의 공간으로 이해하는 초국경적인 인식 전환을 통해서 문제 해결을 모색했다는 점이다.

이 사례를 교훈 삼아, 중앙 정부중심와 접경 지자체주변가 비영리 민간 단체들과 협력적 거버넌스를 구축해 국경 협력의 물꼬를 트는 유연한 정책을 모색해야 한다. 이는 중앙 정부가 한 방향으로 추진하는 하향식 정책이 구체적 성과를 내기 어려운 상황에서 대안이 될 수 있다. 인간과 국가가 설정한 경계를 아랑곳하지 않고 넘나드는 팬데믹이 증명하듯이, 환경 앞에 국경이 있을 수 없고 접경 지대는 일차적 피해자이자 당사자로 환경·사회문화적 이슈에서 국경 협력의 추진자로 나서야 할 것이다.

협력

DMZ 접경 지대는 각종 야생 조류와 양서·파충류 종이 출현하는 지역으로, 이는 지구 온난화 등 급속한 기후 변화에도 불구하고 이곳의 서식 환경이 좋기 때문이다. 산업 사회가 유발한 생태적 위기인 코로나 19는 인간과 자연 사이의 '생태적' 거리 두기라는 과제를 던졌고, 새로운 통찰과 삶의 근본적인 변화를 요구한다.

또한 국경을 자유롭게 넘나드는 '초국경적' 코로나 19의 대확산은 국경의 의미와 기능에 대한 인식을 새롭게 부각한다. 국경을 국가의 안보 이익만을 위한 분리와 배제의 전략적 경계선으로 이해할 것이 아니라 협력의 공간으로 재성찰해야 할 때이다. 그러나 국경 협력을 국경 주변의 천연 자원과 산업 인프라기반 시설의 공동 개발에만 치중한다면, 이는 근대가 기획했던 국경 정책의 실수를 반복할 뿐이다.

그동안 소외되었던 비무장 지대 접경 지대의 개발 필요성을 주장하는 지역 주민들의 목소리도 경청해야 할 것이다. 하지만 배후 거점 도시와 동떨어져 있고 노동력 공급도 쉽지 않은 접경 지대에 제조업 위주의 산업 단지를 개발하는 것은 경제적으로도 실효성이 적다. 오히려 제조업 중심의 기존 남북 협력 모델에서 탈피해 생명 평화 경제로 전환해야 할 것이다. 남북 접경 지대에 평화·화해·공존 관련 연구 기관과 환경·의료·AI·정보 통신 기술 분야를 가르치는 국제적 교육 기관의 유치도 생각해 볼 수 있다.

독일-폴란드 국경 갈등의 근원지였던 오데르강변에 설립된 '비아드리나 유럽대학'은 교육을 통한 국경 협력의 대표적인 사례로, 국경 지대에서 비정치적인 교육 기관이 협력의 중심이 되었다. 교육·문화적 협력은 정치적으로 민감하지 않은 사안을 다루기 때문에 순조로운 국경 협력의 기회를 마련할 수 있다는 점에서 시사하는 바가 크다.

평화 공존은 정부가 일방적으로 국민에게 주는 것 혹은 보장할 수 있으리라는 믿음만으로는 부족하다. 개천이 모여 큰 바다를 이루듯이, 우리의 작은 행동들이 우리의 하루를 행복하게 만든다. 평화와 공존은 단순한 염원이 아니라 실천의 문제이다.

본서는 필자가 동서양의 국경을 연구하면서 책과 학술지 그리고 언론에 게재한 글들을 중심으로 다시 쓴 것이다. 기존의 연구 성과를 한 권의 책으로 묶으면서 내용을 재구성하고 국경사와 관련된 새로운 연구 성과를 소개하고자 노력하였다. 글들의 처음 발표 지면은 아래와 같으며 문고판으로 출판하는 과정에서 이론적 토대를 강화하고 기존의 각주와 참고문헌은 생략했다.

학술논문

「독일과 폴란드의 역사대화－접경 지역 역사서술을 중심으로」, 『전북사학』 33, 2008.

「여성, 결혼, 문화 전파－오토 2세와 테오파노의 결혼식(972)」, 『숭실사학』 37, 2016.

「탄넨베르크/그룬발트 전투(1410)－기억과 망각의 이중주」, 『사총』 92, 2017.

「국경(Grenze)에서 접경(Kontaktzone)으로－20세기 독일의 동부국경 연구」, 『중앙사론』 47, 2018.

「국경의 기억－나움부르크(Naumburg)의 우타(Uta) 立像」, 『서양중세사연구』 44, 2019.(공저)

「근대 초 잉글랜드의 기후변화 대응 연구－1598년 구빈법과 연민 공동체」, 『중앙사론』 50, 2019.(공저)

「헝가리 아르파드 왕조의 독일인 이주정책 연구－13세기 전반기의 특허장을 중심으로」, 『서양사론』 149, 2021.

단행본

『가해와 피해의 구분을 넘어－독일 · 폴란드 역사 화해의 길』, 동북아역사재단, 2008.(공저)

『접경의 기억－초국가적 기억의 장소를 찾아서』, 소명출판, 2020.(공저)

The Borderlands of China and Korea : Historical Changes in the Contact Zones of East Asia, Lexington Books, 2020.(편저)

언론기고문

「서양 중세 문명의 조우와 충돌, 화해와 공존」, 『교수신문』, 2018.6.4.

"Redefining DMZ as contact zone of hope", The Korea Herald, 2020.3.2

"Coronavirus, Xenophobia, and Contact Zones", The Chung-Ang Herald, 2020.4.2

「인간이 그어놓은 경계, 자기가 판 함정」, 『한겨레21』 1347, 2021.1.25.

「바이든의 새로운 국경정책」, 『강원도민일보』, 2021.2.3

「제국의 유산, 피흘리는 세계의 국경선 ① 카리브해가 부르는 국경의 노래」, 『강원도민일보』, 2021.8.28.

「제국의 유산, 피흘리는 세계의 국경선 ② 아프가니스탄 국경」, 『강원도민일보』, 2021.9.11.

「제국의 유산, 피흘리는 세계의 국경선 ③ 인도와 파키스탄의 국경」, 『강원도민일보』, 2021.9.25.

「제국의 유산, 피흘리는 세계의 국경선 ④ 독일과 폴란드의 국경」, 『강원도민일보』, 2021.10.9.

「제국의 유산, 피흘리는 세계의 국경선 ⑤ 한반도의 DMZ」, 『강원도민일보』, 2021.10.23.

마지막으로 '세계의 국경선' 연재의 기회를 주신 『강원도민일보』의 김여진 팀장님과 접경인문학 연구를 수행했던 국내외 연구자들께 고맙다는 말을 전하고 싶다. 접경인문학연구단 출판팀의 임경화, 구교선 교수님께 특별히 감사를 드린다. 그리고, 코로나19

에도 불구하고 국경 연구 글로벌 클러스터 구축을 위해 함께해 주신 해외 연구자들께도 감사드린다.

McDuie-Ra Duncan (University of Newcastle/ Australia)
Paul Erdkamp (Free University of Brussels/Belgium)
Bart Lambert (Free University of Brussels/Belgium)
Sven Günther (Northeast Normal University/China)
Michael North (Greifswald University/Germany)
Hyunjoo Naomi Chi (Hokkaido University/Japan)
Akihiro Iwashita (Hokkaido University/Japan)
Bernhard Seliger (Hanns Seidel Foundation/Korea)
Chistopher Green (Leiden University/Netherlands)
Alexander Bukh (Victoria University of Wellington/New Zealand)
Irina Musinova (Ural Federal University/Russia)
Yulia Zapariy (Ural Federal University/Russia)
Ilcheong Yi (United Nations Research Institute for Social Development/ Switzerland)
Deokhyo Choi (University of Sheffield/UK)
Karen L. Thornber (Harvard University/USA)

2022.2.15
저자 차용구

읽을거리

단행본

곤도 다카히로, 『역사교과서의 대화』, 역사비평사, 2006.

김승렬 · 박용희 · 문수현 · 이용재 · 김종법 · 최재희 · 민경현, 『유럽의 영토분쟁과 역사 분쟁』, 동북아역사재단, 2008.

김용덕, 『이야기 폴란드사』, HUEBooks, 2013.

김홍철, 『국경론』, 민음사, 1997.

이민호, 『독일 · 독일민족 · 독일사－분단 독일의 역사인식』, 느티나무, 1990.

이상협, 『헝가리史』, 대한교과서주식회사, 1996.

전진성, 『역사가 기억을 말한다』, 휴머니스트, 2005.

정병권. 『폴란드사』, 대한교과서, 1997.

중앙대 · 한국외대 HK + 접경인문학연구단, 『접경 공간의 형성－조우와 충돌』, 소명출판, 2019.

차용구 · 에드 풀포드 · 이춘복 · 정주아 · 이유정, 『접경의 기억－초국가적 기억의 장소를 찾아서』, 소명출판, 2020.

한국학중앙연구원 한국문화교류센터, 『민족주의와 역사교과서－역사 갈등을 보는 다양한 시각』, 에디터, 2006.

Anderson, Benedict, 윤형숙 역, 『상상의 공동체』, 나남출판, 2002.

Assmann, Aleida, 변학수 · 채연숙 역, 『기억의 공간』, 그린비, 2011.

Balibar, Étienne, 진태원 역, 『우리, 유럽의 시민들?－세계화와 민주주의의 재발명』, 후마니타스, 2010.

Bauder, Harald, 이영민 외역, 『이주 · 경계 · 자유－실제적 진단과 변증법적 접근』, 푸른길, 2021.

Bevan, Robert, 나현영 역, 『집단기억의 파괴』, 알마, 2012.

Bently, Jerry H., 김병화 역, 『고대 세계의 만남－교류로 읽는 문명이야기』, 학고재, 2006.

Castells, Manuel, 김묵한 외역, 『네트워크 사회의 도래』, 한울, 2014.
Herrin, Judith, 이순호 역, 『비잔티움 — 어느 중세 제국의 경의로운 이야기』, 글항아리, 2010.
Huntington, Samuel P., 이희재 역, 『문명의 충돌 — 세계질서 재편의 핵심 변수는 무엇인가』, 김영사, 2016.
Lee, John W. I., and North, Michael, 반기현 외역, 『유럽과 북미지역 접경지대 연구의 세계화』, 소명출판, 2020.
Lefebvre, Henri, 양영란 역, 『공간의 생산』, 에코리브르, 2011.
Mezzadro, Sandro · Brett Neilson, 남청수 역, 『방법으로서의 경계 — 전지구화 시대 새로운 착취와 저항공간의 창출』, 갈무리, 2021.
Mintz, Sidney W., 김문호 역, 『설탕과 권력』, 지호, 1998.
Nora, Pierre et al., 김인중 외역, 『기억의 장소』, 나남출판, 2010.
Olick, Jeffrey K., 최호근 외역, 『국가와 기억』, 민주화운동기념사업회, 2006.
Ostrogorsky, Georg, 한정숙 · 김경연 역, 『비잔티움 제국사 324-1453』, 까치, 2006.
Pratt, Mary Louise, 김남혁 역, 『제국의 시선 — 여행기와 문화횡단』, 현실문화, 2015.
Rediker, Marcus, 박지순 역, 『노예선 — 인간의 역사』, 갈무리, 2018.
Schmitt, Carl, 김남시 역, 『땅과 바다 — 칼 슈미트의 세계사적 고찰』, 꾸리에북스, 2016.
__________, 최재훈 역, 『대지의 노모스 — 유럽 공법의 국제법』, 민음사, 1995.
Schroer, Markus, 정인모 외역, 『공간, 장소, 경계. 공간의 사회학 이론 정립을 위하여』, 에코리브르, 2010.
Schüddekopf, Otto-Ernst, 김승렬 역, 『미래를 건설하는 역사교육 — 1945~1965 유럽 역사교과서 개선활동』, 역사비평사, 2003.
Turner, Frederick Jackson, 손병권 역, 『미국사와 변경』, 소명출판, 2020.
Wallerstein, Immanuel, 나종일 역, 『근대세계체제 1 — 자본주의적 농업과 16세기 유럽 세계경제의 기원』, 까치, 2013.
Winichakul, Thongchai, 이상국 역, 『지도에서 태어난 태국 — 국가의 지리체 역사』, 진인진, 2019.

Wolfrum, Edgar, 이병련 · 김승렬 역, 『무기가 된 역사』, 역사비평사, 2007.

Young, Robert J. C., 김택현 역, 『포스트식민주의 또는 트리컨티넨탈리즘』, 박종철출판사, 2005.

웹사이트

국경지대 연구협회(Association for Borderlands Studies, ABS)
https://absborderlands.org/

라이프치히 동유럽 역사와 문화 연구소(Leibniz-Institut für Geschichte und Kultur des östlichen Europa, GWZO)
http://research.uni-leipzig.de/gwzo/

영국 더럼대학 국제 경계 연구팀(International Boundaries Research Unit : Centre for Borders Research, Durham University)
https://www.durham.ac.uk/research/institutes-and-centres/ibru-borders-research/

중앙대 · 한국외대 HK+ 접경인문학연구단
http://rccz.cau.ac.kr/

홋카이도대학 유라시아 경계 연구팀(Eurasia Unit for Border Studies/Japan)
https://src-h.slav.hokudai.ac.jp/ubrj/eng/

저자 소개

차용구

중앙대 역사학과 교수. 중앙대·한국외대 HK+ 접경인문학연구단 공동연구원. 서양 중세사 전공. 저서에 『유럽 여성의 발견－이브의 딸 성녀가 되다』(한길사, 2011), 『가해와 피해의 구분을 넘어－독일·폴란드 역사 화해의 길』(공저, 동북아역사재단, 2008), 역서에 『교황의 역사－베드로부터 베네딕토 16세까지』(길, 2013), 『중세, 천년의 빛과 그림자－근대 유럽을 만든 중세의 모든 순간들』(현실문화, 2013) 등이 있다. 또한 「독일과 폴란드의 역사대화－접경지역 역사서술을 중심으로」(『전북사학』 33, 전북사학회, 2008), 「국경에서 접경으로－20세기 독일의 동부국경 연구」(『중앙사론』 47, 중앙대 중앙사학연구소, 2018) 등의 논문을 발표했다.